EL MICALET

GALÀCTIC

EL MICALET GALÀCTIC

COL·LECCIÓ DIRIGIDA PER JOSEP A. FLUIXÀ

ÚLTIMS TÍTOLS PUBLICATS

66. *Els animals agraïts.* Llorenç Giménez / Anna Roig
67. *L'ull de la mòmia.* Jesús Cortés / Francesc Santana
68. *Pirates de la marjal.* Mariano Casas / Joan Arocas - Andrés Carlos López
69. *Ulisses, el meu gat.* Josep Franco / Enric Solbes
70. *El món subterrani.* Angela Sommer-Bodenburg / Magdalene Hanke-Basfeld
71. *Els cocodrils del barri.* Max von der Grün / Joan Arocas
72. *Com una cabra.* Maria Dolors Pellicer / Josep Ferrer
73. *Bum-bum! El fantasma esvalotat.* Mercé Viana / Felip Baldó
74. *La reina Ataülfa.* Josep A. Fluixà / Antoni Laveda
75. *L'autobús d'aniràs i no tornaràs.* Joan Pla / Kino Garrido
76. *El color del blat.* Eva Dènia / Sebastià Dènia
77. *El taller de l'humor.* Jordi Moreno i Paco Moreno / Kino Garrido
78. *L'Odissea.* Homer. Adaptació de Jesús Cortés / Enric Solbes
79. *Mira quina estrella.* Maria Jesús Bolta / Josep Vicó
80. *De cine, Tereseta!* Josep Gregori / Ferran Boscà
81. *La fada masovera.* Vicent Marçà / Ramon Pla
82. *El País dels Llençols Mullats.* Vicent Pardo / Carlos Ortin
83. *Silvèrius Flautus.* Enric Lluch / Juanjo Cortés
84. *Llegendes del Sol i de la Lluna.* Carles Cano / Paco Giménez
85. *Les vacances de Saïda.* Eva Peydró / Horacio Elena
86. *L'autobús de Jordiet i la bruixa Elisenda.* Joan Pla / Kino Garrido
87. *Les malifetes de Maria Encarna.* Maria Torres Palau / Antoni Cabo

Hi ha unes Propostes Didàctiques, referides a aquest llibre, que els ensenyants poden descarregar-se de manera gratuïta a través d'Internet (www.bromera.com).

Disseny de la col·lecció: *Enric Solbes*
Impressió: *T.G. Ripoll, S.A. - Paterna*

1a edició: *maig, 1994*
3a edició: *desembre, 2002*
ISBN: *84-7660-181-6*
DL: *V-5020-2002*

PAPER ECOLÒGIC
TCF LLIURE DE CLOR

EL MICALET GALÀCTIC

Contalles del món

Recull de Tomàs Escuder

Il·lustracions de Francesc Rovira

EL SANADOR
(EUA)

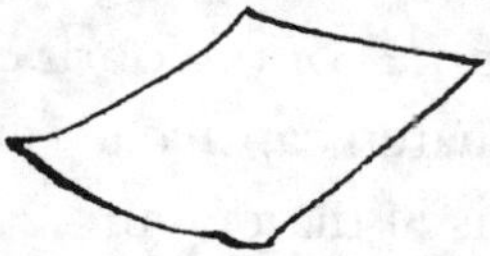

Hi ha qui diu que en un principi, quan els animals van aparéixer a la claror del dia per a viure sobre la Terra, la Dona dels Sabers envià el coiot cap a les terres del sud perquè duguera un sarró de pell, però sense explicar-li en cap moment el motiu ni la intenció.

—Has d'anar amb molt de compte i no has d'obrir per res del món el sarró —va ser l'única advertència que li va dir seriosament i amenaçadora—, perquè si no seràs castigat.

Durant molts dies el coiot va córrer submís en direcció al sud amb el sarró al llom. Però com que el món estava acabat de començar encara no hi havia res de menjar per aquells paratges i els camins es trobaven deserts, de manera que el coiot es moria irremeiablement de fam.

Per això mateix, va començar a pensar si no hi hauria menjar dins el sarró que de forma tan ingènua havia acceptat. Finalment, després de pensar-s'ho bé, se'l va despenjar del llom, decidit i intrigat alhora: el forçava una necessitat famolenca.

Amb cura, va desfer els nusos que el tancaven. Mirà a dins i només va veure, sorprés i contrariat, estels. Però tan prompte com va obrir el sarró els estels s'escaparen i s'enfilaren cap al cel, i allí es van quedar i encara hi són fins al dia d'avui.

—¡Mira el que has fet! —li va dir bastant irritada la Dona dels Sabers—. A partir d'ara, allà on vages tindràs problemes.

I per culpa d'haver-la desobeït, el coiot va començar a sofrir un insuportable mal de queixals, de manera que quan els altres animals dormien, a ell no li quedava cap altre remei sinó udolar cap als estels. I així és com ha estat fins a l'actualitat des que el món és món.

Algunes vegades, el coiot demanà desesperat a les altres criatures que l'ajudaren a curar-se, però si ho feien, els animals sabien que la maledicció de la Dona dels Sabers queia sobre ells. Evidentment, tot el món fugia del dolor de queixals i dels udols.

Però un bon dia, el coiot es va trobar amb una rata que vivia en un cau sota l'herbam de la garriga.

—Amiga rata —demanà suplicant el coiot—, ¿em pots ajudar a curar aquest dolor de queixals rabiós i pertorbador?

Llavors va succeir que, mentre escarbotava per baix la terra, la rata va trobar unes arrels desconegudes que feien molt bona olor i les posà junt a les altres herbes que hi havia dins el sarró que el coiot duia sempre.

—No sé —digué dubtosa la rata—, però em sembla que acabe de trobar una nova arrel que et servirà. Para molta atenció quan l'uses i vés amb compte.

Llavors va refregar l'arrel per la galta inflada del coiot i, en un moment, el dolor de queixals va desaparéixer.

Així és com va passar i ningú no hi ha dit mai res en contra. Per això mateix els coiots no cacen ni maten rates de camp. I és que ja se sap: de ben nascuts és ser agraïts.

LA DONA QUE VA CURAR EL REI MALALT
(Malta)

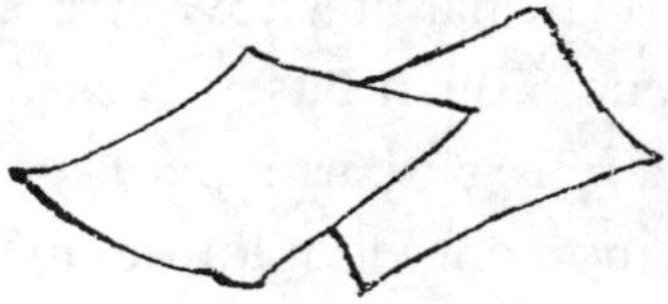

Hi havia una vegada una dona molt vella vora la seua humil cabanya que cridava i plorava rebolcant-se per terra. Al seu costat tenia un ase moribund que, segurament, era tot el que la vella posseïa. De tant en tant, intentava posar-lo dret, però l'animal tornava a caure una vegada i una altra sense força.

La pobra vella estava totalment desesperada perquè no sabia com podria guanyar-se el pa de cada dia a partir d'ara, si la seua bèstia de càrrega l'abandonava i es moria. Tot eren, per tant, crits i llàgrimes.

Llavors, mentre plorava i es queixava, va passar el rei i la veié. Però el rei era molt bromista i tenia el mal costum de provar les seues gràcies amb la gent senzilla. Gaudia rient-se de la ignorància i de la bona fe dels seus súbdits més humils i necessitats. Per això mateix s'acostà a la vella que plorava i li preguntà:

—Maria, ¿per què t'arranques furiosa els cabells i et destrosses forassenyada els vestits?

La vella, sense abandonar en cap moment la seua pena, va respondre:

—¡Ai Senyor! ¡Em ve una desgràcia darrere d'una altra! I ara, per si no en tenia prou, el meu ase es morirà d'ací a no res i, aleshores, ¿com em podré guanyar el jornal?

—No tingues por —li contestà el rei— i no et desesperes per tan poca cosa. Jo conec un remei per a salvar el teu animal.

La pobra dona, confiada i al mateix temps il·lusionada, demanà al rei que li diguera ràpidament un secret tan benaurat. Llavors, el rei va dir, seriós i fals:

—Has de saber que es tracta d'un remei que no falla mai. Per tant, fes el que et dic encara que et semble increïble. Desvesteix-te immediatament. T'has de quedar nua, sense cap peça de roba damunt per menuda que siga. Tot seguit, has de fer cinquanta voltes al voltant de l'animal, i mentre ho fas, cal que vages mormolejant les paraules màgiques següents:

Tres renills d'ase,
tres bestieses
de les més sonades
i tres cucs
putrefactes.
Remena-ho tot
i posa't prompte bo.

»És quasi segur que el teu ase reviscolarà de sobte, miraculosament.

La pobra dona no va dubtar gens de la paraula del seu rei i, sense pensar-s'ho més, es va llevar la roba i començà a fer salts al voltant de l'animal. Com que l'ase no havia vist mai res semblant, saltà i perdé tota la seua apatia. Renillà i en un moment ja s'havia curat. La dona va estar a punt de tornar-se boja de tanta alegria i no sabia què fer-se amb el rei. Aquest, que esperava riure a cor què vols, quan veié que l'animal es va curar, cavalcà cap a casa tot contrariat perquè no s'imaginava una reacció així.

Van passar els anys i, a poc a poc, tot el món va anar oblidant aquell fet. Succeí, llavors, que el rei es posà molt malalt perquè li va aparéixer un gra a la boca. Era tan gran i maligne que els metges no li trobaven cap remei. I, com que no podia menjar ni beure, tot era qüestió de saber si el rei moriria de fam, de set o ofegat.

Tot el regne estava de dol perquè, encara que tenia el mal costum de riure's de la gent, era un bon senyor. Tots l'haurien ajudat de bona gana per salvar-lo de la mort, però ningú no aconseguia descobrir cap solució.

Afortunadament, la vella de l'ase, que encara vivia, va sentir contar la trista desventura que afectava el rei i, agraïda, no dubtà a socórrer el seu senyor. Mamprengué el camí i no parà fins que arribà a la ciutat i s'acostà al palau reial. Quan era a la porta, un soldat la va aturar, però la vella es posà a cridar:

—¡Vés-te'n a l'infern! ¡El nostre rei jau al llit esperant la mort i jo he de veure'l!

I dient això, aconseguí escapar-se de la vigilància del sentinella i s'endinsà veloç per corredors i sales fins que encertà la cambra mortuòria del rei. Aquest ja havia reunit al seu costat els cavallers i els grans dignataris del país amb la intenció de fer públic el seu testament.

Però, llavors, la vella entrà com una fada, inesperadament i màgica. Deixà caure els seus vestits i començà a saltironejar i fer voltes al llit tota nua mentre deia:

Tres renills d'ase,
tres bestieses
de les més sonades
i tres cucs putrefactes.
Remena-ho tot
i posa't prompte bo.

En aquell instant, el rei recordà la broma pesada que havia intentat gastar a la vella i quan la va veure, amb aquell cos pansit, no va poder fer altra cosa que riure. I ho va fer tan fort i tan desmesuradament que, de sobte, el gra va esclatar i li va omplir la boca de pus i de sang. No obstant això, els metges van constatar que, gràcies a la rialla, el rei estava ja fora del perill de mort.

La vella no es pogué resistir i va cridar, contenta i triomfal:

—¿Ho heu vist? El rei en persona em va revelar

una vegada aquest remei estrany i miraculós i, no solament va curar el meu ase, sinó que ara també s'ha curat ell mateix.

El rei, en escoltar aquelles sinceres paraules, digué:

—Queda't ací, Maria. En el meu palau sempre trobaràs un tros de pa per a calmar la teua fam.

Però llavors ella contestà:

—No, no pot ser, perquè, llavors, ¿qui s'ocuparia del meu ase?

Aleshores, el rei li va donar les gràcies i li va fer molts regals, i ella, com és lògic de suposar, se'n tornà a la seua cabanya tota contenta.

LA SAVIESA D'UN XIQUET
(Magrib)

Hi havia una vegada tres amics que, buscant aventures, marxaren a un país estranger. Després de viatjar molt, van arribar a una ciutat i entraren, esgotats i bruts de pols, en casa d'una vella que llogava habitacions perquè volien prendre un bany i descansar. Llavors van dir a la dona:

—Ens has de preparar un bany excel·lent, en el seu punt i amb tots els ets i uts.

I ella, com sempre havia sigut molt treballadora, ho va preparar tot, però l'edat començava a jugar-li males passades i per això s'oblidà de deixar-hi cap pinta per fer-se els cabells.

Els tres homes, abans d'entrar al bany, li van confiar els seus diners perquè els guardara i els custodiara mentre ells es rentaven, però li van advertir que no donara ni una moneda a cap dels tres si ho demanaven per separat. Els els havia de tornar únicament quan estigueren els tres junts. La vella així els ho va prometre i, amb aquestes instruccions, anaren a banyar-se, satisfets i confiats.

Però, en adonar-se que entre els objectes del bany faltava una pinta, van decidir que un d'ells anara a demanar-la a la vella. Aquest, quan parlà amb la dona, volgué aprofitar-se de la circumstància i va dir:

—Els meus companys m'han encarregat que et demane els diners i una pinta.

Però la vella, fidel a la seua paraula, va contestar:

—Els diners, no te'ls donaré, si no és en presència dels altres dos companys teus. La pinta, sí.

No obstant això, el jove tornà a insistir:

—M'ho han ordenat els meus amics.

—Si no m'ho diuen a mi, no hi ha res a fer.

Llavors la dona anà a buscar la pinta, i ell, quan va sentir que tornava, entrà ràpid dins el bany i, molt astutament, va dir als seus companys:

—A fora hi ha la vella, que diu que si no li ho ordeneu, ella no em dóna res.

Els altres, que volien ja acabar d'arreglar-se, van cridar ben fort:

—¡Vella, dóna-li el que et demana, que hi estem d'acord!

Llavors l'hostatgera anà a buscar els diners i li'ls donà al jove atrevit i ambiciós. Aquest, quan ja els tenia, va fugir mentre els seus companys esperaven que tornara.

Després d'un temps d'espera infructuosa, els dos amics enganyats van eixir del bany i van anar a buscar la vella que, només va veure les seues cares, s'afanyà a dir:

—Ha vingut el vostre amic i li he donat els diners perquè vosaltres m'heu ordenat que li'ls donara.

Aleshores, els dos van contestar, sorpresos i indignats alhora:

—Nosaltres només hem dit que li donares la pinta!

—Però ell m'havia demanat els diners —replicà la vella—, i vosaltres m'heu dit clarament que li donara tot el que ell em demanava.

Llavors la van agafar i la dugueren davant el jutge, i aquest li va ordenar que donara els diners. Però ella va dir:

—Ja he donat els diners.

Els dos joves traïts, com és evident, van protestar:

—Senyor jutge, ella sap que érem tres companys i que li havíem sol·licitat que no donara els diners a cap de nosaltres si no era en presència dels tres junts.

El jutge continuà escoltant, durant una breu estona, les raons dels uns i de l'altra. Finalment, considerà que la vella havia negligit la seua responsabilitat i sentencià en favor dels joves. Exigí que la pobra dona presentara davant seu, el més prompte possible, els diners, i, per això mateix, ella se n'anà cap a casa plorant i plena d'angoixa.

Caminant caminant, mentre les llàgrimes li regalimaven galtes avall, trobà un xiquet que li va fer aquesta pregunta:

—¿Per què plores, velleta?

Ella, desconsolada, a penes va contestar:

—Deixa'm estar amb la meua pena.

Però el xiquet, de cabells rulls i de pell morena, insistí i no la va deixar tranquil·la fins que va saber la causa del plor. Aleshores, amb la seua veu angelical i trapella alhora, li va fer una proposta:

—Si t'ajude, ¿em donaràs una moneda per a comprar-me avellanes?

—¡I tant que sí! —li respongué la vella, no massa convençuda dels consells del menut.

No obstant això, el xiquet no tardà a demostrar que era bastant espavilat i intel·ligent. A la pobra vella se li va obrir el cor a l'esperança.

—Torna a casa del jutge i parla-li de la manera següent: «M'ho he pensat millor, senyor jutge. No puc portar els diners. Ha de saber vosté que, quan els tres em van deixar els seus estalvis, em van recomanar que no els donara de nou si no hi eren junts. Per això, si ho faig ara en presència només d'aquests dos, faltaré a la meua paraula i, aleshores, la meua acció sí que serà totalment condemnable. Diga'ls, per favor, que vagen a buscar el seu company i, quan hi siguen els tres junts, jo els tornaré, amb molt de gust, els diners».

La vella, molt més reconfortada, no va dubtar gens i tornà a presentar-se davant del jutge. Va parlar segons els arguments que el xiquet li havia dit, mentre el jutge l'escoltava atentament, i, a la fi, aquest es dirigí als homes i els preguntà:

—¿El fet és com aquesta dona diu?

—Sí —respongueren ells.

—Llavors, ¿què espereu? Aneu a buscar el vostre amic i tindreu els diners.

Quan es van quedar sols la dona i el jutge, aquest, com que s'havia adonat que algú havia aconsellat sàviament la vella, no pogué resistir la curiositat i li va preguntar:

—Dis-me, sincerament, ¿qui t'ha assessorat?

—Un xiquet —contestà ella.

Aleshores, el jutge, que era també el príncep de la ciutat, va manar que buscaren el xiquet i, quan el va tenir davant seu, li preguntà:

—¿Tu ets qui ha ensenyat a aquesta dona el que havia de fer?

—Sí, senyor —va ser la seua resposta.

I el príncep, sorprés per l'extraordinària maduresa i enginy del captaire, decidí premiar-lo per la seua saviesa i l'elevà a la dignitat d'un dels seus millors consellers.

CRIC I CROC
(Itàlia)

En un país molt llunyà vivia un lladre molt famós que no havien pogut tancar mai a la presó. Li deien Cric i només li quedava un desig per complir: conéixer un altre lladre que li deien Croc i que era també molt famós.

Un bon dia, Cric estava menjant, tranquil i despreocupat, a la taula d'un alberg, enfront d'un desconegut. Es trobava tan a gust que el temps passava sense adonar-se'n, però, de sobte, va voler saber quina hora era i observà, estranyat, que no duia rellotge.

«El qui m'ha robat el rellotge sense que jo me n'adonara —pensà de seguida— no pot ser altre que Croc.» Per això, sense dubtar-ho gens, Cric decidí tornar al seu company de taula la malifeta que aquest li havia fet i, en un tres i no res, li robà la bossa dels diners.

Quan el desconegut va anar a pagar, s'adonà que no portava el portamonedes i, mirant fixament el seu sospitós veí, digué amb més admiració que rancúnia:

—¡Això vol dir que tu ets Cric!

L'altre, rialler i enjogassat, contestà:

—¡I tu ets Croc!

—Sí.

—Bé, a partir d'ara robarem junts i farem pinya.

Per això, van decidir anar a una ciutat on el tresor del seu rei tenia fama de ser un dels més grans i bonics del món. Però aquest estava tot voltat de guàrdies que el vigilaven de dia i de nit. Un home tot sol no hauria pogut fer mai res.

Cric i Croc estudiaren detingudament la situació i, finalment, van acordar fer un túnel per davall terra fins que arribara a la cambra que guardava la hisenda del monarca. El pla resultà ser un èxit i el desafortunat rei, quan es va assabentar del robatori, es tornà boig i no sabia què fer per recuperar-lo. Insultava els sentinelles, llançava crits al cel, convocava amb urgència els seus consellers i alertava fins a l'últim súbdit del seu reialme. A la fi, ja més calmat i animós, va visitar la presó per parlar i traure informació d'un dels seus presoners més distingits: el lladre anomenat Portacalcina.

—Si em dius qui ha robat el tresor —li proposà el rei— i on s'han amagat els lladres, et deixaré en llibertat i et faré marqués.

Portacalcina, que era un dels espolsabutxaques amb més experiència de bona part del planeta, li va respondre:

—Jo, senyor, no he tingut res a veure amb el robatori. No obstant això, estic segur que els lladres no poden haver sigut altres que Cric o Croc, o potser els dos junts, perquè són, sens dubte, els lladres més grans que he conegut mai. Els conec tan bé, amb els seus defectes i les seues virtuts, que, probablement, sàpia quina és l'única manera d'agafar-los.

—¡Com! —va dir el rei, impetuós i encoratjat alhora.

—Féu que el preu de la carn puge a cent lires la lliura. Si algú no renuncia a comprar-la, serà, amb seguretat, el lladre del vostre tresor.

El rei, com que no tenia cap altra solució millor, va fer cas de Portacalcina. Naturalment, amb la carn tan cara, ningú no en comprava ni a la ciutat ni a tot el regne. Però un dia, va arribar a palau la notícia que un frare havia comprat cent lliures de xulles de corder en una carnisseria de la ciutat. Portacalcina exclamà de seguida:

—¡De segur que el frare era Cric o Croc! Ara em disfressaré jo i aniré per les cases demanant caritat com si fóra un pobre. En aquella que em donen carn per a menjar, faré una creu roja a la porta. Així, els vostres guàrdies, senyor rei, podran assaltar-la i capturar els lladres per sorpresa.

Portacalcina així ho va fer i aconseguí entrar en el refugi de Cric i Croc, però, al moment d'anar-se'n i fer la creu roja, Cric es va fixar en el senyal i, per si de cas, marcà també amb creus roges totes les altres portes de la ciutat, de manera que no hi havia manera de diferenciar-les.

Portacalcina, en reconéixer el fracàs davant el rei, es justificà així:

—¡Ja li havia dit que aquests lladres són els més astuts! Però no es preocupe, encara n'hi ha qui ho és més que ells. Posarem en marxa un nou pla. En primer lloc, farem córrer el rumor que el veritable tresor vostre continua ben guardat a la cambra del costat de la que va ser saquejada, però en lloc d'or, el que hi haurà serà una gerra plena de quitrà bullint. Quan els lladregots intenten furtar les suposades monedes d'or del vostre erari, cauran a dins i els podrem agafar morts.

Mentrestant, Cric i Croc, que s'havien gastat gran part del seu botí, començaren a preparar el nou robatori. Aquesta vegada, però, decidiren anar separats per precaució. El primer a actuar va ser Croc, que caigué, sense esperar-s'ho, dins la gerra. Cric, en comprovar que el seu amic tardava més del compte, acudí pel túnel secret que havien excavat i, mirant a cada pas tant a la dreta com a l'esquerra, endevinà la trampa en què el seu amic havia caigut.

Croc es trobava mort i atrapat dins el quitrà. Cric va intentar endur-se el cadàver, però no va poder. Aleshores, li va tallar el cap i se l'emportà.

A l'endemà, el rei, impacient anà a veure si hi havia alguna novetat.

—¡Aquesta vegada sí que els hem pillats! ¡Aquesta vegada sí que els hem pillats! —cridava boig d'alegria.

Però, en aproximar-se, trobà només un cadàver

sense cap, de manera que resultà ben difícil identificar-lo i saber alguna cosa de l'altre amic.

No obstant això, el lladre Portacalcina no es va desesperar i digué, cavil·lós:

—Encara hi ha una altra manera d'actuar, senyor rei. Faça passejar el mort per tota la ciutat damunt de dos cavalls i, a la casa on se senta plorar, trobarem l'amagatall del seu company.

I així es va fer. Per això, quan els cavalls passaren per davant la casa dels lladres, la dona de Croc, que des de feia una temporada vivia amb ells, abocada a la finestra, començà a cridar i a plorar. Però Cric, que era a la seua vora, comprengué ràpidament què significava aquell estratagema i, astut, es posà a trencar plats i escudelles i a pegar bastonades a la dona. Els guàrdies, alarmats per aquell plany, entraren a la casa, però es van sorprendre en veure's enmig d'una baralla familiar.

Aleshores, davant el nou fracàs, el rei va fer que posaren un ban per les parets on s'anunciava que perdonaria el lladre que havia robat el seu tresor si aquest era capaç de furtar-li els llançols del seu llit. Ja no va voler confiar més en Portacalcina, que tornà a la seua cel·la.

Aquella nit el rei es va despullar i es posà al llit amb un fusell esperant el lladre. Mentrestant, Cric, reptat en la seua vanitat de malfactor, ordia un nou pla. Demanà a un enterrador, amb l'ajuda d'unes monedes d'or, un cadàver, el qual vestí amb la seua roba. Amb esforç, traslladà el cos sense vida a la teulada del pati reial.

A mitjan nit, Cric llançà el cadàver penjat d'una corda i el deixà balancejant-se davant la finestra del rei. Aquest va creure que era el lladre que venia per furtar-li els llançols i li disparà. Satisfet, va veure com queia amb corda i tot. Per això, baixà corrent al jardí per comprovar si l'infeliç era mort, però, mentrestant, Cric entrà a la cambra reial i furtà els llençols del sobirà.

El monarca es donà, finalment, per vençut. D'alguna manera calia reconéixer la intel·ligència d'aquell bergant i va complir la seua paraula. Cric va ser perdonat i, perquè no robara mai més, el rei el va casar amb la seua filla.

ELS CINC SORDS
(Espanya)

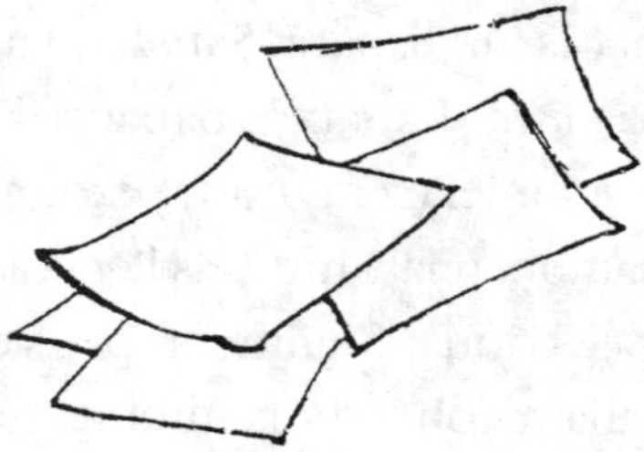

En un poble menut de l'ampla terra castellana vivia una família de sords. El pare era sord i la mare sorda, el fill i la filla, sords, i també la iaia era sorda. A més a més, resultava que eren molt pobres i a penes tenien treball. Per això mateix ja feia molt de temps que devien el lloguer a l'amo de la casa on vivien i no li'l pagaven.

Un bon dia d'hivern, hi hagué una nevada molt gran i copiosa. Feia un fred que pelava, i els pobres sords no tenien ni tan sols res que els calfara un poc la panxa. Afortunadament, un veí els havia donat un quinzet i, per això, enviaren el pare amb un plat i la moneda perquè comprara una quarta de carn. L'home, més content que un gos amb un os, s'encaminà cap a la plaça per fer la comanda, però pel camí es va trobar amb l'amo de la casa i aquest li va dir:

—¡Bon dia, senyor sord! ¡Bon dia tinguen vosté i la seua família!

L'home, com que no sentia res de res, va creure que l'amo li volia cobrar el lloguer de la casa i contestà visiblement enutjat:

—¡Per l'amor de Déu! ¿Que no sap que ara no treballem i que no tenim diners per pagar-li?

—No, no. ¡Que no li dic res d'això! —contestà, contrariat i injustament avergonyit, l'arrendador.

Però el pobre sord no el sentia i li contestà, novament insistint:

—¡Per l'amor de Déu, senyor amo! ¡Que ara no treballem i no sabem com pagar-li!

I llavors, l'amo, roig com un titot perquè no li agradava fer un espectacle, se n'anà i no li va tornar a dir res més.

Però abans d'arribar a la plaça, el sord es va trobar un amic de la infància i entraren en un bar. Entre rialles, crits i records, el sord es gastà l'única moneda que posseïa. Per això, quan tornà a casa i veié la seua filla, es justificà d'aquesta manera:

—M'he trobat amb l'amo i m'ha cobrat el lloguer de la casa, per això no he pogut anar a la plaça i comprar carn.

Aleshores, la filla, tota preocupada, se'n va anar a comunicar-ho a la mare:

—Mare, diu el pare que no ha dut la carn perquè han venut el bou.

I la mare, amb to sorneguer, exclamà:

—¿Que no ha anat a la plaça perquè neva massa? ¡Que vaja, encara que en caiga molta!

A continuació, la filla, com si sa mare no li haguera dit res, se n'anà a la saleta, però de camí es trobà el seu germà i li digué:

—Escolta, que diu la mare que vol buscar-me un nuvi i jo li he dit que me'l busque prompte perquè em vull casar.

El germà la mirà, somrient, i contestà:

—Bé, dona, si m'has de fer uns pantalons, que siguen amples de bragueta.

Emocionat i content, el germà se'n va anar a buscar l'àvia i li digué:

—Iaia, la meua germana diu que em farà uns pantalons i jo li he demanat que siguen amples de bragueta, perquè els que porte són estrets i se m'esgarren freqüentment.

Però, com era d'esperar, la iaia tampoc no el va entendre i va creure, per contra, que la seua filla anava a fer unes farinetes. Per això, hi va afegir:

—Bé, bé. Aleshores, digues a la meua filla que, si ha de fer farinetes per a mi, me les faça blanetes, perquè ja sóc vella i no puc mastegar bé. I dis-li també que a la tenda del costat venen vi a tres pessetes el quarteró.

I així és com va passar, segons conten els descendents d'aquell poble. Naturalment, ningú de la família no es va enfadar, encara que, com heu vist, no es va aclarir res de l'assumpte de la carn i tot continua igual per molts anys encara.

LES TRES PREGUNTES
(Espanya)

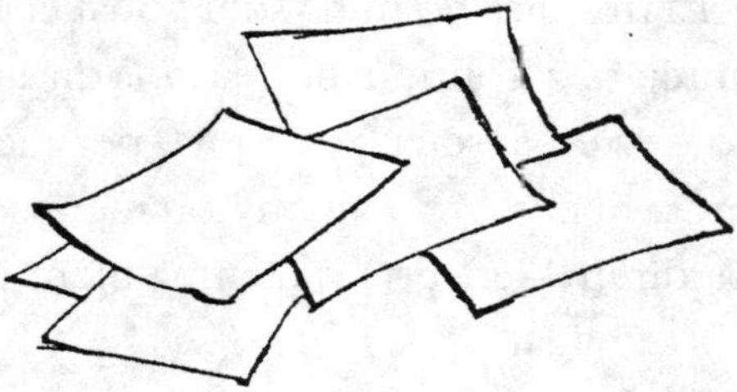

En el poble d'Hérmedes hi havia un rector gros com un tonell i amable que no feia altra cosa que dir la missa del matí i el rosari de la vesprada. La gent del poble, treballadora i esforçada, en veure que el seu capellà no feia més faena que l'esmentada, van anar a parlar amb el bisbe.

Un bon dia, després d'unes quantes súpliques per part dels seus feligresos, el bisbe convocà el rector al palau arquebisbal. El sacerdot saludà respectuosament el seu superior i, amb humilitat, preguntà:

—¿Quin és el motiu pel qual m'heu citat a la vostra presència, eminència?

I el bisbe li va respondre sense embuts:

—La gent del seu poble l'acusa de no pensar en res més que en la missa i en el rosari. Evidentment, la funció d'un religiós és molt més complexa i rica. No obstant això, i per començar, ara mateix li donaré, per exercitar la seua ment, alguna cosa en què pensar. Si d'ací a tres dies no m'ha solucionat el problema que li plantejaré a continuació, ja pot dir adéu a fer misses i rosaris en la seua parròquia, perquè li retiraré la llicència i l'enviaré a algun lloc menys tranquil.

—Vós direu —encertà a dir finalment el rector, sorprés i bocabadat.

I el bisbe continuà:

—Vosté m'ha de contestar satisfactòriament tres preguntes. La primera és: ¿quant pesa la Terra?; la segona: ¿quant val la meua persona?, i la tercera que ha d'endevinar és: ¿quin és el pensament que tinc jo?

En sentir aquestes paraules, el rector se n'anà cap a casa amb el cap cot i anguniat perquè, per més que hi pensava, no sabia com podria respondre les preguntes del bisbe.

Prompte van passar dos dels tres dies que el seu superior li havia concedit, i ell continuava trist i desesperat, perquè, per més que buscava, no trobava les respostes. Per això decidí, davant unes circumstàncies tan adverses, eixir a fer una passejada pel poble. Era quasi de nit, i el ventijol suau del capvespre, potser, l'ajudaria a desentranyar unes qüestions tan complicades.

De sobte, es va trobar pel carrer amb el pastor que venia de tancar les ovelles. Aquest, que tenia un cor noble i solidari, en veure el rector capficat i cellajunt, no pogué resistir la curiositat i li va preguntar:

—¿Què li passa, senyor rector? El veig una mica preocupat.

—¿Què trac jo de dir-te el que em passa, si no hi pots fer res per mi? —contestà el rector.

—Diga'm vosté el que li passa —va replicar el pastor— i ja veuré si el puc ajudar o no.

—Tu no saps res de res, ignorant, i no em podràs ajudar. ¿Què trac jo de dir-t'ho?

Però el pastor va insistir tant que, finalment, el rector no tingué més remei que contar-li-ho.

—Doncs el cas és que el senyor bisbe m'ha dit que li he de contestar tres preguntes en menys de tres dies i ja n'han passat dos.

—Bé, d'acord. ¡Però diga'm quines són les preguntes que ha d'endevinar! —insistí amb expectació el pastor.

Llavors, el rector li contestà:

—El que he de saber és el següent: quant pesa la Terra, quant val la seua persona i quin pensament té ell.

—¡Home! —replicà el pastor—. ¿I per això s'espanta vosté? Li faré una proposta: demà anirà vosté a pasturar les ovelles i jo em posaré la seua roba, em disfressaré i aniré a veure el bisbe.

—Però, home, ¿tu què saps de tot açò? —repetia el rector—. ¿On vols posar-te?

—Bé, vosté deixe'm a mi —s'animà el pastor—. Deixe'm a mi, que ja veurà... A més a més, no hi té res a perdre.

A la fi, el rector va consentir davant l'interés del

pastor i, l'endemà, aquest es va vestir de capellà amb la sotana ben folrada de coixins i s'encaminà cap a la seu, on ja l'esperava el bisbe. Entrà en el saló de recepcions i li digué:

—Ací teniu, eminència, davant vostre el rector d'Hérmedes per a respondre les preguntes que em va fer.

La veritat és que el pastor anava molt ben caracteritzat i el bisbe no va descobrir en cap moment l'engany.

—Bé —començà, amb interés i curiositat, el bisbe—, vegem la primera qüestió: ¿quant pesa la Terra?

—Eminència, en realitat, si vosté lleva les pedres, l'aigua i les coses, els animals i les persones que hi habiten, el planeta no pesa res perquè no existeix per ell mateix. La Terra ho és tot o no és res.

—¡Home! —va dir el bisbe, admirat—. ¡Això està molt bé! Anem per la segona pregunta: ¿quant val la meua persona?

—Si per Crist van donar trenta monedes —continuà ferm el pastor—, per vosté, que és un poc menys, ho deixarem en vint-i-nou.

—¡Bé, home, bé està això! —va dir el bisbe, desconcertat—. Anem ara a la tercera: ¿quin pensament tinc jo ara?

—El pensament que vós teniu ara —va dir el fals sacerdot— és que creieu que esteu parlant amb el rector d'Hérmedes, però que, en realitat, aquest s'explica i raona com un pastor.

—¡Home, sí que és aquesta una bona resposta! —va dir el bisbe, divertit—. Ja se'n pot anar vosté en pau. Ha superat les tres proves satisfactòriament.

I la cosa anà tan bé que el rector i el pastor es van fer amics i encara avui es poden veure passejar junts pels carrers de la vila, sobretot quan el sol es pon i les ovelles es refugien al seu corral.

EL REI DE FRANÇA
(França)

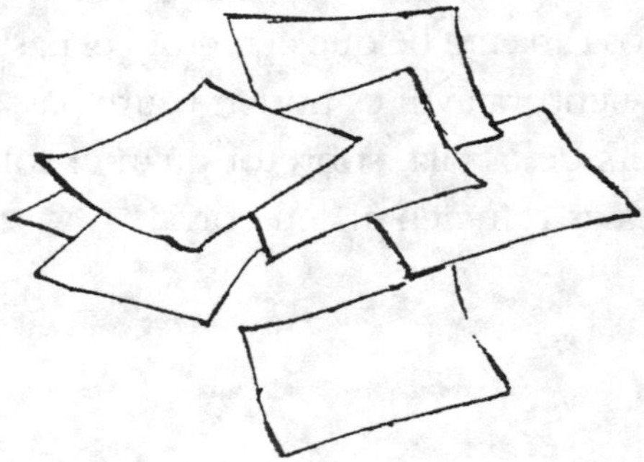

Això era un rei de França, encara molt jove, però que, a pesar d'això, es volia casar. Per aquest motiu, un dia es va atrevir a demanar la mà de la filla del rei d'Anglaterra, que era molt bonica. Però la princesa no es volia casar tan jove i, com a resposta, digué que ell no valia ni per a netejar-li les sabates. Evidentment, el rei es va sentir molt dolgut, però, al mateix temps, pensà: «¡Xiqueta, tu t'enamoraràs de mi!».

Al poc de temps es traslladà d'incògnit a Londres i va aconseguir que el posaren a treballar d'aprenent en casa del perruquer que feia les perruques de la princesa. El monarca francés era un xic molt ben plantat i cortés i, a poc a poc, aconseguí la confiança dels uns i dels altres. Fins i tot, es convertí en l'amant de la princesa, que no sabia qui era ell perquè no havia vist mai personalment el seu antic pretendent.

Dissortadament, la princesa es va quedar embarassada. La seua mare, la reina d'Anglaterra, com és normal, va preguntar a la princesa que qui era el pare, però quan ella li va dir que era l'aprenent de perruquer, la reina mare, indignada, la tirà de casa.

Llavors, el rei de França s'emportà la princesa a París, sense que ella sabera encara, en realitat, qui era ell. Es van casar en una petita església i el rei es posà a treballar aparentment de perruquer. Però un dia va dir a la seua dona:

—Escolta, ho sent molt, però jo no guanye massa diners. Hauràs de treballar tu també.

I llavors el rei comprà a la seua dona uns plats i unes olles per tornar-los a vendre. Entre els dos van buscar un cantó adequat en una bona plaça de París i, el primer dia de treball, la princesa va vendre molt. Per això, quan el seu marit va tornar a casa, li va dir, entusiasmada:

—He venut molt, perquè han vingut molts soldats i m'ho han comprat quasi tot.

A l'endemà, va passar per davant de la plaça un batalló de dragons, però aquesta vegada els soldats no es van portar tan bé. Li van trencar tota la vaixella que tenia per vendre. Ella va plorar desconsoladament i, a la nit, contà al seu marit, amb pèls i senyals, tot el succés.

—Ho hem de fer d'una altra manera —li va dir ella—. El carrer és massa perillós per a una dona.

Aleshores, el rei va aconseguir que la seua dona treballara en una fonda despatxant vi. El primer dia en va despatxar molt als soldats, però al segon dia, el rei ordenà als artillers que anaren a aquella fonda, que feren molta gresca, que ho trencaren tot i que no pagaren res.

Així ho van fer i la pobra dona es va quedar totalment decebuda. A la nit, va contar al seu marit el que li havia passat, i ell li va dir que no tenia sort, però que sabia d'un altre treball on podria guanyar molts diners. Si feia d'enllustradora i anava a netejar les sabates dels oficials, podria aconseguir una bona renda.

Ella, innocent i disciplinada, va anar al palau reial amb la intenció de netejar moltes sabates, però no volia ningú netejar-se-les, perquè el rei els ho havia prohibit. Llavors el rei es calçà les seues sabates i es va posar en un lloc tot fangós per on la seua dona havia de creuar. Quan ella va ser al seu davant, el monarca li preguntà si li voldria netejar les sabates.

—Sí, amb molt de gust —va dir ella, que no reconegué el seu marit amb uns vestits tan elegants.

La princesa desterrada netejà les sabates del sobirà de França de la millor manera que va saber. Quan va acabar, el rei va traure una bossa plena de lluïsos d'or i sous, però només va agafar dos sous de la bossa i li'ls donà.

La princesa va esperar fins a la nit, perquè, darrerament, no veia el seu marit en tot el dia, i, ben enrabiada, li va dir:

—Pobra de mi, mira el que m'ha succeït: només he pogut netejar les sabates del rei i aquest m'ha donat solament dos sous, ¡el molt porc!

I esclafí a plorar com una magdalena, però el perruquer la consolava dient-li que el rei volia organitzar una gran festa i que ella podria trobar faena de cambrera. El seu marit buscaria les influències necessàries, perquè coneixia molta gent important de la ciutat. Ella va acceptar la proposta i, com era d'esperar, el perruquer no tingué cap problema a portar a cap el seu pla. No obstant això, encara demanà a la seua dona una cosa més:

—Posa't aquesta gran bossa de davantal i guarda-hi tot el que pugues furtar. Així, a més del que guanyes, tindrem menjar.

El dia de la gran festa, la princesa, una vegada dins dels magnífics salons del palau, començà a posar dins la bossa tot el que podia arrabassar; fins que la van veure i, com és natural, la van amonestar. Llavors, el rei es va donar a conéixer i va fer que portaren la dona a la cambra reial, perquè la vestiren com una autèntica reina.

Quan ja ho havien fet, reuní tots els seus invitats al gran saló del ball i presentà la seua esposa a tots els presents. Sorpresa i contenta al mateix temps, la princesa d'Anglaterra descobrí tot l'engany del seu marit i el gran enginy que havia demostrat per a casar-se amb ella. Des d'aleshores, tant l'un com l'altre, visqueren al palau, estimant-se moltíssim i sentint, alhora, l'admiració dels seus súbdits.

Però, de tant en tant, el rei deia a la reina:

—¡Finalment, em vas haver de netejar les sabates, amor meu!

LA REINA DE LES ABELLES
(Alemanya)

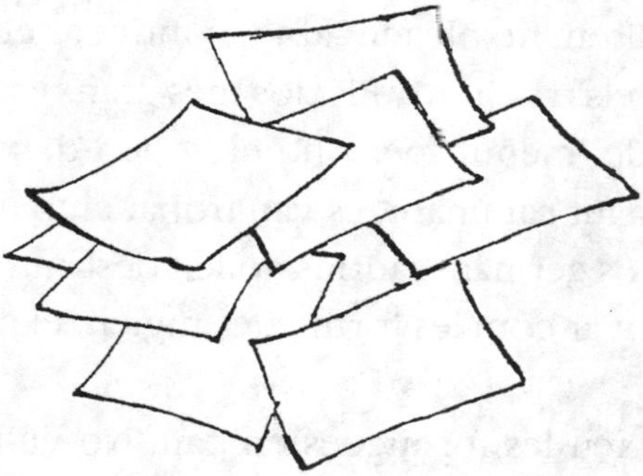

Això diu que eren dos prínceps garrits i valents que se n'havien anat a córrer món perquè volien saber com era la vida. Amb aquest objectiu van recórrer sendes i barrancs, muntanyes i llacs, castells, masies, pobles i ciutats. Finalment, cansats de moure's tant i tant, sense arribar mai a saber, realment, quin sentit tenia la vida, decidiren recloure's en un llogaret menut i reposar tranquil·lament els seus ossos durant una llarga temporada.

Aquests dos prínceps tenien un germà més menut que, en fer-se gran, va voler trobar els seus germans més grans. Després de viatjar també durant una certa temporada per distints països, trobà els dos prínceps, però aquests van començar a burlar-se d'ell. «¡El nostre germanet és molt ingenu! ¡Pobre babau!

—pensaven—. Si nosaltres, que som més grans i més sabuts, no hem aconseguit el nostre objectiu, ¿com ho ha de fer ell, que és molt més inexpert?»

Decidiren, no obstant això, continuar el camí de l'aventura els tres junts. Els dos més grans estaven un poc farts del menut, però no el volien deixar sol.

Caminant caminant, es van trobar amb un formiguer. Els dos germans fadrins volien destruir-lo, però, en comprovar com les formigues fugien, el menut va dir:

—Deixeu les formigues en pau. No vull que les mateu.

Llavors van continuar caminant i arribaren a un llac d'aigües clares i d'un blau enlluernador, on nadaven oques i ànecs. Els dos germans grans volien agafar un ànec per rostir-lo a la brasa, però el germà menut va dir novament:

—Deixeu aquests animals en pau. No vull que els mateu.

Més tard, arribaren a prop d'un eixam i van veure la mel que regalimava per tots els costats. Els germans grans volien calar-li foc, ofegar les abelles amb el fum i apoderar-se de la mel. Però el germanet els tornà a renyir dient-los:

—Deixeu les abelles en pau. No vull que les mateu.

Quan ja es feia de nit i el sol s'ocultava per la banda de ponent, els tres germans arribaren a un castell on no es veia, en principi, ni una ànima vivent, només les pedres feien de testimoni. Travessaren sales, alcoves i patis, fins que arribaren davant una porta tancada amb tres panys on, per un forat, es podia veure el que hi havia dins la cambra. Hi van mirar i van veure una sala il·luminada amb torxes de teia i un homenet vestit de gris assegut a taula.

Els tres germans van trucar a la porta tres vegades i, finalment, l'homenet s'acostà, obrí els tres panys i, amb un gest, els convidà a seure davant la taula central parada amb tota mena de menjars. L'homenet a penes els deixà pronunciar cap paraula i responia a la curiositat dels joves amb contestacions evasives. Només volia que els tres forasters menjaren i begueren tant com el cos els demanara. Ja hi hauria temps per a parlar, quan es trobaren més descansats. Per això, després de sopar, els va acompanyar als seus dormitoris i desaparegué.

L'endemà de matí, l'homenet vestit de gris, després d'oferir l'esmorzar als seus hostes, es dirigí al germà més gran i, fent un senyal amb la mà, se l'emportà cap a una altra cambra. En aquesta cambra hi havia una taula de pedra sobre la qual hi havia escrites tres proves. Segons l'homenet, el castell es trobava embruixat i si algú aconseguia resoldre els enigmes proposats a la taula de pedra, desencantaria tot el castell.

Evidentment, l'homenet, molt més xarraire ara que la nit passada, suplicà al jove la seua ajuda. La primera prova de totes consistia a trobar les mil perles que la princesa havia perdut per la gespa, però hi havia un perill. L'homenet, honestament, volgué advertir el germà gran del risc que, potser, correria si acceptava el repte: si no superava la prova abans de fer-se fosc, ell mateix es tornaria també de pedra.

Arriscat i aventurer, el príncep no s'ho pensà massa i va passar tot el dia buscant i rebuscant, però, en acabar el dia, solament n'havia trobades un parell. De manera que el malefici caigué sobre ell i el més gran dels tres germans es convertí en estàtua de pedra.

Al dia següent, a l'hora d'esmorzar, com és lògic, els dos germans menuts van preguntar pel seu germà gran. Llavors, l'homenet agafà el segon i, sense ometre res, li contà tot el que havia passat. Aquest, furiós i confiat alhora, acollí la temptativa de deslliurar el seu germà sense dubtar-ho. Però tampoc no aconseguí de trobar-ne sinó un parell i es va convertir en pedra.

Finalment, va tocar el torn al germà menut. També ell començà a buscar entremig de la gespa, però, com era molt difícil trobar les perles, avançava molt a poc a poc. A la vesprada, ja no podia més, el temps passava i el sol s'amagava inexorablement per la ratlla de l'horitzó. Per això, vençut, va seure sobre una pedra i es va posar a plorar.

Llavors, mentre plorava, se li va acostar lentament la reina de les formigues, a qui ell havia salvat la vida sense saber-ho. Aquesta, en veure'l tan abatut, decidí ajudar el seu amic, el príncep menut. Cridà totes les formigues del formiguer i, en un tres i no res, trobaren les perles i les amuntegaren a la vora del jove desesperançat, que, en adonar-se'n, recobrà de colp l'alegria.

Aleshores, l'homenet vestit de gris, satisfet i sorprés per la primera victòria del jove príncep, li explicà la segona prova, que consistia a traure, de dins el llac, la clau de la cambra on dormia la princesa encantada del castell.

A l'endemà, s'alçà de bon matí i, seguit de l'homenet, emprengué la senda en direcció al llac. En arribar, hi va veure tots els ànecs i les oques que ell havia salvat i aquests, endevinant la missió del seu jove amic, es van capbussar fins al fons i li van traure la clau que necessitava.

La tercera de les proves era la més difícil de totes. Es tractava d'encertar, una vegada oberta la cambra de la princesa, quina de les tres filles del rei, que s'hi trobaven adormides, era la més amorosa, bonica i joveneta. La qüestió no era fàcil de resoldre, perquè les tres eren tan iguals que resultava del tot impossible destriar-ne una de l'altra. L'única cosa que les podia diferenciar era, segons l'homenet del castell, que, abans d'haver-se adormit, la més gran s'havia menjat un terròs de sucre, la mitjana havia pres un glop de xarop i la més petita havia tastat una culleradeta de mel. Però això, per a ell, no era de gran ajuda, perquè difícilment hi podria trobar les restes adequades. El jove no sabia què fer, perquè no era cap expert i només li quedava l'opció de l'atzar.

Aleshores, aparegué la reina de les abelles de l'eixam que el germà menut havia salvat del foc i, en flairar la boca de cada una d'elles, descobrí la que havia pres mel. D'aquesta manera, el príncep va saber quina era la que havia d'endevinar.

En conseqüència, es va trencar l'encantament i la princesa es va despertar. També ho van fer les seues germanes i els dos germans del príncep menut. Totes les persones i els animals del castell es transformaren de nou en éssers vius. El rei i la reina, emocionats, abraçaren el seu fidel servidor, l'homenet vestit de gris, i s'organitzà, de seguida, una gran festa.

El germà petit, en enamorar-se de la princesa més joveneta, descobrí que la vida tenia sentit per a ell. La princesa també s'enamorà del príncep i es van casar i van ser molt feliços durant molts anys.

Diuen que, a la mort del rei, el príncep menut va ser rei, perquè encara que els altres dos germans es van casar amb les germanes de la princesa més joveneta, tot el món va entendre que per a governar feien falta moltes més coses que nàixer el primer. Era evident i reconegut que el comportament del príncep menut havia sigut sempre el més encertat i intel·ligent.

EL REI DELS GATS
(Anglaterra)

Fa molts anys, quan encara hi havia molta cacera per terres d'Escòcia, dos joves tenien per costum passar molts dies de la tardor caçant per terres del nord. Vivien en una cabanya de les que empren els caçadors, que quedava lluny de les altres cases, i una dona vella els feia el menjar. Els gossos i els gats que tenien els dos joves formaven la resta del servei que hi havia en aquell habitatge.

Una vesprada, el més gran dels dos va dir que no volia eixir a caçar. Aleshores, l'altre se n'anà tot sol perquè tenia la intenció de recórrer la senda per on havien anat el dia anterior i buscar, així, els nombrosos ocells que havien deixat perdre per no poder-los caçar tots.

Passà el temps i començà a fer-se fosc, però, com que el jove caçador no apareixia, el més gran es va anar posant neguitós fins que, havent acabat de sopar, ja no sabia què fer, ni quina decisió prendre: si eixir a buscar el seu company o esperar-lo. Afortunadament, el jove tornà, encara que mullat de cap a peus i exhaust. No obstant això, s'entestà a no explicar res del motiu de la seua tardança fins que acabara de sopar. El seu company, una mica contrariat, respectà la decisió del jove i restà en silenci, tot i que observava cadascun dels gestos de l'amic mentre menjava.

Quan ja havien encés la pipa, com feien totes les nits, i s'havien posat vora el foc, amb els gossos als peus i, fins i tot, el gat negre a la vora de les flames, el jove caçador començà el seu relat:

—Com és natural, t'has estranyat de la meua tardança, però has de saber que avui he viscut una experiència ben insòlita. En realitat, ni jo mateix sé què pensar-ne. Tal com ja t'havia dit, he recorregut el mateix camí que vam fer ahir, però, quan ja estava a punt de tornar cap a casa, s'ha presentat una boira tan densa que m'ha desorientat i he perdut totalment el camí. He estat molt de temps fent voltes d'ací d'allà i sense saber on era fins que, finalment, he vist una llum i cap a ella m'he encaminat, perquè hi esperava trobar algú que m'ajudara. Quan ja era a prop, la casa ha desaparegut i en el seu lloc hi havia una gran i vella alzina. Llavors, he pujat per les seues branques per si de cas descobria, més enllà, la llum que havia vist abans; just en aquell moment he vist, per un forat que deixava veure l'interior del tronc completament buit, una església on s'oficiava un enterrament. He sentit que cantaven i que uns gats portaven un taüt voltat de torxes que enlairaven uns altres gats. ¡És veritat! ¡Els gats celebraven un soterrar i, sobre el taüt, hi havia una corona i un ceptre!

Aleshores, el gat negre, que havia estat escoltant tota aquella història molt atentament i amb curiositat creixent, exclamà:

—¡Per Júpiter! ¡El vell Pere s'ha mort! ¡Jo sóc ara el rei dels gats!

I, fent un bot grandíssim, desaparegué per la xemeneia i mai més no es va saber res d'ell. ¡Ara, això sí, els dos joves caçadors se'n van anar i no tornaren més a aquell bosc!

EL XACAL I EL LLEÓ
(Cabília, Marroc)

Hi va haver una vegada un xacal que agafà una pell de vaca i se n'anà a dalt d'una muntanya des d'on tot el món el poguera veure. De la pell de l'animal es va fer unes sandàlies i, una volta posades, començà a passejar-se orgullós, fent voltes i més voltes, pel cim d'aquell pujol. És evident que gaudia sentint l'admiració i l'enveja dels altres.

Un dia, passà ben a prop del xacal un lleó i, en veure les precioses sandàlies que duia, li va preguntar:

—Escolta, xacal, ¿no em podries fer un calçat tan bonic com el teu? Tinc els peus cansats i nafrats d'anar descalç.

El xacal, content per l'efecte que havia produït en una bèstia tan poderosa com el lleó, i recelós alhora de la seua fúria, s'afanyà a respondre-li de la manera següent:

—Sí que m'agradaria, sí. Però la pell de la qual he fet el meu s'ha assecat i ja no la puc aprofitar. No obstant això, si em portes una vaca ben grossa, la mataré i de la seua pell te'n faré un parell. Pensa, naturalment, que com més grossa siga la vaca, més tendra resultarà la pell i millors les sandàlies.

Llavors, el lleó, content i conformat, portà una vaca molt grossa, i el xacal va dir:

—Aquesta que m'has dut és bona. Ara cal que l'escorxem i de la seua carn farem uns bons guisats.

Impacient, el lleó matà la vaca de seguida i el xacal la va escorxar. Amb la pell començà a fer les sandàlies i, quan ja les tenia acabades, va dir al lleó:

—Ara necessite una agulla i un fil. ¿Podràs portar-m'ho?

—T'ho duré el més prompte possible —li contestà el lleó.

I així ho va fer. Llavors el xacal, quan ja ho tenia tot, ordenà:

—Gita't en terra i et posaré les sandàlies ben nuades.

El xacal li les posà mentre xarrava sense parar:

—¿Veus com et van d'allò més bé...?

Mentrestant, cosia el calçat cada vegada més i més fort als peus del lleó, i tan fort ho feia que les urpes de la bèstia es doblegaven i s'endinsaven en la seua pròpia carn.

—Com més fortes les cosim, millor serà per a tu.

Així no hi haurà ningú que et puga dir que no et van bé.

Però el pobre lleó, de tant de mal com li feien, no podia deixar de bramar. No obstant això, el xacal acabà de cosir-li-les amb força.

—¡Bé, ja està tot perfecte! —exclamà satisfet—. El que has de fer és posar-te al sol, amb l'esquena per terra i les soles del calçat cap a dalt. Quan les sandàlies s'assequen, el dolor et desapareixerà.

Aleshores, el lleó, enfadat i desconfiat per primera vegada, va voler alçar-se, però, quan intentà posar-se dret, el dolor era tan insuportable que no el deixà ni tan sols seure. Amb fúria, va voler mossegar el xacal, però aquest, llest i espavilat, s'apartà amb rapidesa.

—¿Com és això? —li va dir—. ¿No havíem quedat que érem amics?

—Sí, però tu m'has traït —li contestà el lleó—. He sigut víctima del teu engany.

El xacal, finalment, esclafí a riure i, sense dir res més, prengué la carn de la vaca i se n'anà d'allí corrents. El lleó, impotent, continuà en el mateix lloc amb els peus ben adolorits exposats al sol, esperant, potser, que el dolor minvara a poc a poc. Però, a mesura que s'assecava la pell de les sandàlies, el sofriment, per contra, s'anava fent més i més intens.

Afortunadament per al lleó, al cap d'un temps, van passar per allí dues perdius i, en veure'l d'aquella manera tan llastimosa, li van preguntar:

—¿Què et passa, amic lleó?

—¡Acosteu-vos i mireu amb els vostres propis ulls quina broma m'ha fet el xacal!

Les dues perdius s'aproximaren, però només fins a una distància prudent.

—¿Què és això? —exclamaren—. ¿Què t'han fet?

—El xacal m'ha cosit les sandàlies als peus, i ho ha fet tan fort que les nafres me'ls han rebentat. ¿Em podríeu, per favor, ajudar i curar-me les ferides?

—Les perdius es van mirar l'una a l'altra indecises. El lleó presentava un estat deplorable i despertava compassió, però no per això deixava de ser una bèstia ferotge. Per això, li van dir:

—Ens has de prometre que, ni avui ni mai, no ens menjaràs, si és que vols que et curem.

—Ni avui, ni mai de la vida atacaré una perdiu, ni me n'engoliré cap.

Llavors, les perdius li van dur aigua d'una font propera i la van deixar caure, a poc a poc, sobre els peus adolorits del lleó. Netejaren les ferides i, quan la pell de vaca es tornà a reblanir, les perdius començaren a descosir les sandàlies. A pesar de la cura que hi mostraven, el lleó no podia evitar les seues queixes i, quan es posà dret, va estar a punt de devorar, d'una mossegada, una de les aus, però aconseguí retenir-se:

—Si no haguera jurat que no us atacaria, ara mateix una de vosaltres ja no viuria, perquè estic famolenc.

Les perdius, espantades pel que havien vist i sentit, fugiren amb un batec molt fort d'ales, sense esperar cap tipus de disculpa o penediment per part del lleó. Aquest, una mica decebut pel seu comportament, pensà: «He estat a punt de trencar el meu jurament. Per sort, no ho he fet. No m'hauria agradat ser un ingrat. D'altra banda, l'esbatec de les seues ales m'ha esglaiat moltíssim. No m'hauria imaginat que uns animals tan menuts pogueren fer un soroll tan fort».

Per aquesta raó, encara avui dia, els lleons s'espanten quan senten que hi ha perdius a la seua vora.

EL CONILL
(Etiòpia)

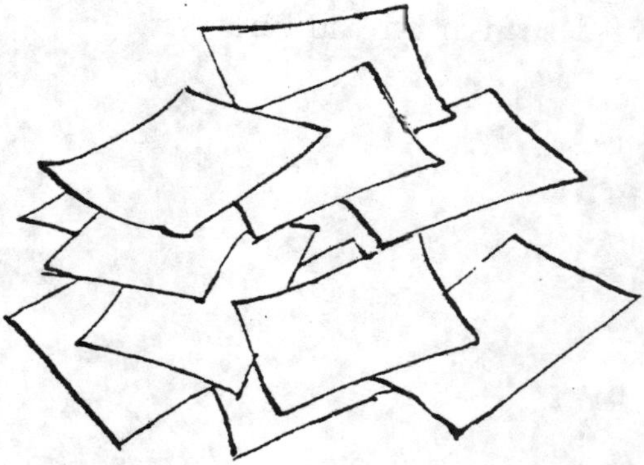

Una vegada, un conill que s'avorria moltíssim en el seu cau decidí passejar pel sol durant una estona, però, de sobte, va descobrir damunt seu l'ombra de les seues orelles. De seguida, es va creure que un animalot gran i amb bones banyes el perseguia, i es va espantar tant que començà a córrer ple de por. Però quan, de tant en tant, s'aturava per descansar i respirar una mica, veia sempre aquella bèstia al seu costat.

Finalment, després de córrer com una fletxa i travessar una llarga planura, el conill aconseguí amagar-se davall d'unes branques de matoll i l'ombra de les seues orelles, com és lògic, desaparegué immediatament.

Llavors, a pesar del cansament que sentia, va voler donar gràcies a Déu per haver-lo salvat i exclamà:

—Si tu, que ets els creador, no m'hagueres dotat d'unes cames tan àgils i corredores, no m'hauria pogut salvar mai.

I va descansar en pau i ben satisfet.

L'ELEFANT
(Uganda)

Hi havia una vegada un poblat a la selva que tenia molts camps de cereals a la vora, però els elefants hi entraven molt sovint per menjar-se el gra i ho destrossaven tot. Per això, els seus habitants van decidir posar unes trampes per capturar els paquiderms que gosaren alterar la tranquil·litat del seu treball.

No obstant això, no tots hi estaven d'acord. En aquell poblat hi havia un jove que era molt amic dels elefants, perquè, quan era xicotet, sa mare l'havia nodrit amb llet d'elefant. Un dia, en compliment de les normes, que feien compartir responsabilitats entre tots els membres actius de la tribu, el van enviar perquè comprovara si havia caigut algun elefant en les trampes.

Desafortunadament, el jove, que s'haguera estimat més no trobar-ne cap, en va descobrir un dins el clot, que era fort i d'extraordinària grandària.

L'elefant, en veure'l, li va dir:

—Amic meu, ¿què heu fet? ¿Per què m'heu capturat?

—No he sigut jo qui ha preparat aquesta trampa —es defensà el jove—. L'ha construïda la gent del meu poble perquè, potser sense fixar-vos, destrosseu les collites.

—Ho sent molt, però —començà a proposar l'elefant captiu— si m'ajudes a eixir, jo també un dia t'ajudaré si ho necessites.

—D'acord —contestà el jove—. Crec en la teua paraula i t'alliberaré perquè, des de sempre, m'he estimat els elefants.

Aleshores, el jove guerrer va tallar amb el matxet uns quants arbres i els posà de manera que l'elefant va poder eixir de la fossa. Aquest mostrà el seu agraïment i, de tot cor, manifestà al seu nou amic:

—M'acabes de salvar la vida i vull que sàpies que també jo un dia, potser, salvaré la teua. Si alguna vegada et trobes en perill, crida «Tufú» i jo vindré per ajudar-te.

I llavors l'elefant desaparegué en la selva. El jove tornà al poblat on l'esperaven impacients.

—¿Per què has tardat tant? —li van preguntar.

—He anat a mirar les trampes com m'havíeu ordenat —contestà una mica neguitós el jove—, però com que no he vist cap elefant, m'he entretingut observant el paisatge.

—Això és impossible —afirmà el més vell del poblat—, perquè aquesta nit els hem sentits.

Es formà un gran guirigall. Cadascú volia dir la seua. Finalment, com que no es creien la versió del jove, van decidir anar a veure les trampes i van descobrir que, en una d'elles, quedaven restes d'excrements. Veren també els arbres tallats i agafaren, de sorpresa, el jove. Ningú no va esperar que es defensara.

—Els senyals de l'elefant et delaten. Ens has enganyat i has fet que el nostre aliment perille; per això, ara hauràs de morir. Però no moriràs com un home, dins del poblat, sinó que ho faràs enmig de la selva com una bèstia. Et lligarem a un arbre i les panteres o els voltors et mataran.

Llavors, van dur el jove al lloc més frondós de la selva per lligar-lo a un arbre ben gran i abandonar-lo a la seua sort. El jove va esperar que el deixaren sol i va cridar:

—¡Tufú! ¡Tufú!

Però ningú no hi va acudir perquè l'elefant es trobava molt lluny. Només un mico va oir com el xiquet cridava. A l'endemà, el simi va buscar l'elefant i li va comunicar:

—Escolta, elefant. A la selva hi ha un jove lligat a un arbre.

—¿I què? Deu ser algun criminal —contestà, indiferent, l'animalot.

—Sí, segurament, però jo no t'ho hauria dit si no haguera passat tota la nit cridant «Tufú», «Tufú».

—¿Per què no m'ho has dit immediatament? —bramà, contrariat, l'elefant—. Això vol dir que és un amic meu.

De seguida, l'elefant es posà en camí i, a punt de fer-se de nit, arribà a l'arbre on era el jove. Aquest es trobava tan dèbil per culpa de la calor que a penes podia mormolejar «Tufú». Si bé no havia sigut devorat abans per qualsevol bèstia, no era probable que aguantara viu tota la nit. Se'l veia esgotat.

Afortunadament, l'elefant encara havia arribat a temps. El deslligà, el deixà caure suaument sobre el seu llom i portà el jove fins a la font on solia abeurar l'animal en les seues estades per la zona. Amb la trompa, el va refrescar i, tot seguit, buscà alguna cosa perquè menjara. A poc a poc, el jove es va anar refent.

Aleshores, l'elefant deixà el seu amic en un lloc meravellós on creixien moltes fruites i moltes classes de flors, herbes i arbustos.

—Queda't ací durant tres dies i tres nits —li va dir—. No et faltarà de res en aquest petit paradís. Et portaré or i podràs viure com un príncep.

El jove va fer cas del seu amic Tufú i al cap de tres dies l'elefant aparegué carregat amb un sac d'or. Se saludaren, però sense perdre temps l'animal proposà al jove sense pàtria:

—Ara, amic meu, cavalca sobre la meua esquena, perquè et vull portar a un país on podràs viure bé i sense que ningú et faça mal.

Durant dies i nits caminaren per boscos i sabanes, aiguamolls i deserts. Finalment, l'elefant s'aturà:

—A partir d'ací, hauràs de continuar sol. Vés per aquest camí i arribaràs a una gran ciutat. Agafa la bossa d'or i compra tot el que necessites, però, sobretot, procura ser feliç.

Tots dos, amb llàgrimes als ulls, es van dir adéu, perquè, ja se sap, la gratitud és una qualitat que ennobleix els cors dels éssers vius.

EL JAGUAR I LA PLUJA
(Veneçuela)

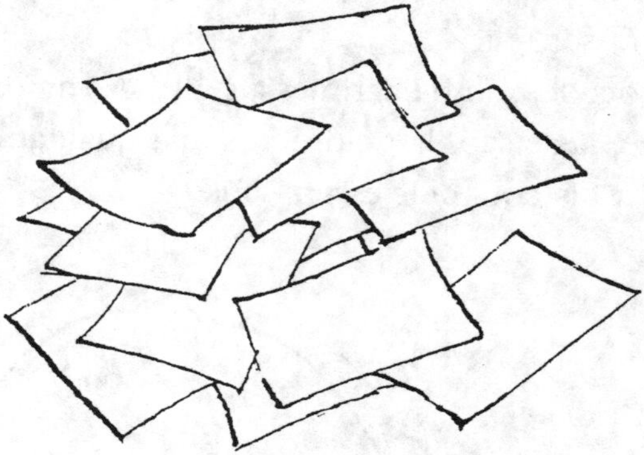

Una vegada, hi havia una cabanya de caçadors la xemeneia de la qual no funcionava massa bé i, és clar, quan de nit encenien la llar, tota la casa s'omplia de fum. La gent, com que no podia dormir allà dins, acabava penjant-se les hamaques davant la casa i dormien al ras.

No molt lluny de l'habitacle rondava un jaguar que vigilava amb interés les anades i les tornades dels homes. Un dia, la pluja, en observar l'estrany comportament de l'animal, s'hi acostà i li va preguntar:

—Estimat amic, ¿per què guaites tothora els humans?

—M'agrada fer por a la gent que hi ha davant d'aquella cabanya. La meua intenció és fer-los entrar a la casa.

La pluja, divertida i riallera, no s'ho pensà massa i, sense por d'enfurismar la bèstia salvatge, manifestà:

—Aquella gent, estimat meu, no té por de tu.

—Sí que en tenen —replicà, molest, el jaguar—. ¿Vols comprovar-ho? Rugiré mentre faig voltes a la barraca, i tu vés-hi i escolta el que diuen.

Llavors, la pluja s'acostà a prop de la cabanya dels caçadors i afinà les orelles per escoltar el que deien. El jaguar es posà a bramar com no ho havia fet mai:

—¡Greeou! ¡Greeou!

Però la gent, tranquil·la i serena, només deia, de tant en tant, frases iròniques i fatxenderies sense importància.

—¡Escolta, Manuel, com sona la pell per al meu sarró nou de caça que em faré!

El jaguar, envanit, continuà amb els seus brams esgarrifosos:

—¡Greeou! ¡Greeou!

No obstant això, la pluja no va sentir cap reacció d'espant significativa, sinó, més prompte, tot el contrari:

—Demà, després d'esmorzar, matarem el jaguar amb les nostres fletxes.

En sentir aquest darrer comentari, la pluja va anar a l'encontre de l'animal presumit i aquest, orgullós, li preguntà:

—¿Què han dit, amiga meua?

La pluja volgué ser discreta per no decebre la fera. Per això, contestà:

—Res. No han dit res.

Però el jaguar insistí novament.

—No m'ho crec. Tenien por, ¿veritat?

—No, no en tenien gens. I si vols que et diga la veritat, ¿saps què deien? Que només servies per a pell dels seus sarrons i que demà mateix et matarien amb les seues fletxes. De manera que ja ho saps, ¡no et tenen gens de por!

La pluja continuà parlant, ara ja sense cap tipus de preocupació. Sentia com s'entristia el pobre animal, però, d'altra banda, ho tenia merescut. No havia pogut suportar mai els creguts.

—De mi sí que tenen por. De mi, però no de tu.

—No, això no és veritat —contestà finalment, quasi impotent, el jaguar.

—Sí, sí que ho és —replicà la pluja—. ¿Vols veure com sóc capaç de fer-los entrar a la cabanya? Doncs, vés-te'n tan a prop com pugues i escolta les coses que diuen de mi. Jo arribaré després.

El jaguar s'aproximà d'amagat a la caseta dels caçadors i restà en silenci, a penes respirava. Al cap d'una estona, el cel es féu gris i començà a bufar un vent molt fort. La gent cridava sense parar i visiblement alterada:

—¡Per allà ve la pluja! ¡Sembla que hi haurà una bona tempesta!

Efectivament, la pluja arribà i començà a ploure a bots i barrals. Amb rapidesa, la gent despenjà les hamaques i es refugià a dins la casa. Quan la pluja arribà on era el jaguar, li digué:

—¿Ho veus, estimat amic? He aconseguit que s'amaguen.

EL GRIPAU I EL VOLTOR
(Xile)

Una vegada, el gripau i el voltor van ser convidats a una festa que se celebrava al cel. El voltor, que era un músic de prestigi, després de fer els preparatius que considerà oportuns, buscà el gripau, del qual ningú no coneixia cap talent en especial, amb la intenció de burlar-se d'ell.

—Estimat compare —li digué el voltor en veure'l—, m'han dit que tu també estàs convidat a la gran festa.

—Sí, m'hi han invitat perquè sé cantar molt bé —contestà.

—Jo també hi aniré —afegí el voltor una miqueta atònit, perquè ignorava que el gripau fóra cantant.

—¡Magnífic! —exclamà aquest—. Ens veurem allà dalt. Espere que assages bé el teu instrument.

El gripau, sense esperar res més, es girà d'esquena i continuà els seus exercicis de veu. El voltor s'imaginava que el gripau era un farsant, però no pogué evitar un cert desconcert.

L'endemà, a l'hora de l'albada, el voltor, despert sobre les branques d'un arbre, s'allisava les plomes per mamprendre, d'un moment a l'altre, el vol en direcció cap al cel. De sobte, arribà el gripau.

—Bon dia —saludà aquest.

—Bon dia —contestà el voltor amb un somriure burleta.

—Com que jo vaig molt lentament —s'excusà el gripau—, he decidit que marxaré davant. Ja ens hi veurem, ¿eh?

—Sí, ja ens hi veurem —respongué el voltor, tot i pensant que el gripau donava una excusa per no passar massa vergonya si cantava malament davant seu.

Però el gripau, llest i enginyós, observà la guitarra que hi havia al costat del voltor i entrà d'amagat dins el seu ventre. D'aquesta manera, el gripau, que no volava, s'assegurava el viatge al cel.

Llavors el voltor, ignorant-ho tot, prengué el seu estimat instrument i es llançà com una fletxa en direcció als núvols.

A la porta del cel, els sentinelles li van preguntar pel gripau i ell respongué amb tota la sorna del món:

—¿Vostés creuen que amb els seus saltets podrà arribar fins al cel? ¡Estic segur que no vindrà!

—¡Però t'equivoques, amic! —contestà prest el

gripau, que d'un bot eixí de la guitarra amb tanta rapidesa que ningú no va veure d'on venia.

Tots els animals es van posar a parlar al mateix temps. Comentaven la gran gesta del gripau, mentre aquest es passejava orgullós i content del seu pap. Prompte, però, començà la festa. Pràcticament, tots els animals hi eren presents: l'ase dòcil i cabut, el lleó potentíssim, els micos juganers, etc. L'alegria regnava pertot arreu. L'elefant tocava el clarinet, els ocells feien sonar les flautes, la serp tocava la pandereta i l'ós ballava. El voltor, com era d'esperar, demostrava la seua mestria en l'ús de la guitarra. Però, per damunt de tots, se sentia la veu del gripau. Sens dubte, aquest fou el vertader triomfador de la festa. No obstant això, abans d'acabar-se aquesta, el gripau, pensant en la tornada, es va amagar novament dins la guitarra, sense esperar a rebre les felicitacions i el reconeixement dels altres.

El voltor, enrabiat per no aconseguir un èxit més contundent, agafà el seu instrument i prengué el camí de la tornada. Aleshores, descobrí el gripau dins la guitarra. Boig de ràbia, li ordenà:

—¡Ix ara, immediatament!

—¡Per favor, no em tires! —suplicà el gripau en veure's descobert.

—Si has pogut pujar fins al cel, bé podràs baixar a terra.

—¡Per favor, no em tires! —implorà de nou el gripau.

Però el voltor, dolgut pel triomf del gripau, no

en va voler saber res i, girant al mateix temps la guitarra, deixà caure l'animalet.

El gripau, mentre queia, anava pensant: «¡Ai mare meua! Espere no caure damunt les pedres. ¡Tant de bo ho fera sobre una lletuga o sobre herba fina!». El pobre, per no veure on anava a parar, tancà els ulls i caigué, dissortadament, entre unes pedres. Va perdre els sentits i no es despertà sinó al cap d'uns dies. Per culpa del colp rebut a l'esquena, el cos li quedà per sempre tacat i lleig. Perdé també la seua extraordinària veu.

I aquesta és, segons diuen, la raó del seu aspecte tan desgraciat. Però no oblideu que a sota hi ha un animal llest i enginyós que una vegada va ser molt admirat.

EL CAÇADOR I LA FILLA DEL GUANAC
(Perú)

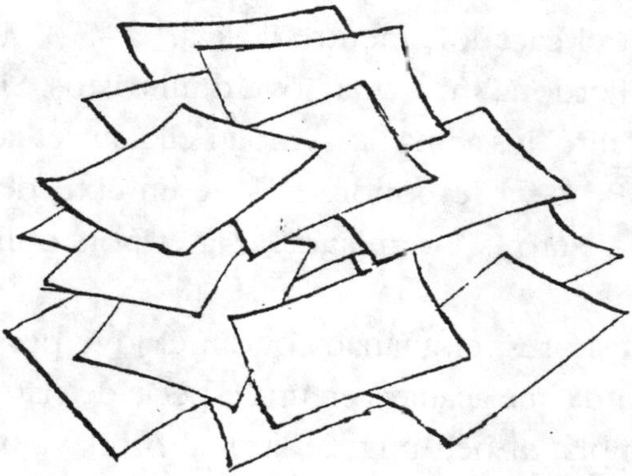

Això diu que era un jove caçador que volia casar-se, però que enlloc no trobava la dona dels seus somnis. La seua vida era monòtona, i les nits, sobretot a l'hivern, se li feien llargues i inacabables. Per això un dia, quan la primavera començava a despuntar en les crestes dels arbres, agafà el cavall i s'endinsà en les muntanyes amb l'objectiu de capturar uns quants guanacs.

Va cavalcar durant moltes hores i, al migdia, va veure una rabera d'animals que pasturaven i els va perseguir, però no aconseguia caçar-ne cap. Així va estar fins que vingué la nit; però, com que era una nit de lluna plena, continuà perseguint-los, perquè tenia, a més, un cavall molt bo.

La seua insistència es veié recompensada i, a l'endemà, durant les primeres clarors, ja estava a punt de caçar-ne un. Era un exemplar magnífic, però, quan es disposà a matar-lo, el guanac s'aturà en sec i mirà fixament el caçador, mentre li deia:

—Perdona'm la vida, jove d'ull tristos. Si ho fas, et conduiré fins a una dona molt bella que et farà feliç.

—Bé —va respondre el jove en eixir de la sorpresa—. Però, si no m'agrada, ja et pots oblidar del perdó.

Aleshores, el guanac conduí el jove per una estreta senda que acabava en una espècie de clariana bastant ampla, al bell mig de la qual brollava una font d'aigua clara i fresca com la neu. Allà hi havia un altre guanac jove bevent. El guanac que havia fet de guia s'aturà.

—¿Què passa? —preguntà—. ¿On és la jove que m'has promés?

—Allà, vora la font —afirmà, decidit, el guanac.

—¿On? —preguntà el jove, estranyat i picat pel possible engany—. ¡Jo no veig sinó un guanac!

—Mira una altra vegada i veuràs —li indicà l'animal.

I quan el caçador es girà —¡oh meravella de meravelles!—, va veure com el jove guanac es desprenia de la pell com per art d'encanteri i, en el seu lloc, apareixia una jove nua i molt bella. Els seus ulls eren d'un color semblant al de la maragda, els cabells bruns i la pell suau com la llana. Tenia, sens dubte, el cos daurat pel sol i un somriure enigmàtic que omplia de goig aquell que la mirava.

Llavors, el caçador saltà del cavall i, com embadalit, anà a l'encontre de la jove, que s'havia cobert discretament amb la pell de guanac.

—¿Vols que ens casem? —preguntà, il·lusionat, el caçador.

—Sí —va respondre ella.

Per això mateix s'acomiadaren tots dos del guanac que el jove caçador havia perdonat, i ho feren amb gratitud per haver-los presentat, però sense allargar massa les formalitats. Tenien pressa. El jove féu un lloc a la donzella en la gropa del cavall i iniciaren el camí de regrés abans que es fera de nit novament.

En arribar al poble, tota la gent eixí a rebre'ls. La notícia que el jove caçador anava acompanyat d'una dama s'escampà com la pólvora. Els altres homes del poblat sobretot, envejaven i admiraven el jove i li deien:

—¡Quina dona més bonica que has trobat!

El casament fou una autèntica festa. Hi va haver menjar i beguda per a tots, però sense cap excés. Ni el jove ni els habitants d'aquell poblat eren rics, sinó simplement uns treballadors honestos. No faltà tampoc el ball ni l'alegria.

Al cap d'uns dies de lluna de mel, el jove espòs va voler tornar a la cacera, i ja era sobre el cavall quan la seua dona li va dir:

—Estimat meu, ¿on vas? ¿Què vols fer? ¡Et voldria demanar que no caçares més guanacs!

—¿Per quina raó?

—Perquè podries matar mon pare, ma mare o els meus germans.

—¿I si ho fera, passaria alguna cosa? —preguntà intrigat el jove caçador.

—Evidentment —contestà la dona, espantada—. L'embruix cauria novament sobre mi i em convertiria en guanac, i tu, potser, acabaries matant-me.

—No, això no ho vull fer mai perquè t'estime —respongué decidit el caçador.

Baixà del cavall i conduí aquest a l'estable. No obstant això, el seu rostre es mostrava pensarós.

—Però estimada meua, ¿de què viurem si no puc ja caçar guanacs?

—No cal que et preocupes —li contestà la bella novençana—. Jo entenc de cavalls i t'ajudaré a criar-ne.

I així és com aquell jove es va convertir en criador de cavalls. Naturalment, el caçador i la filla del guanac van viure molts anys feliços i contents, però, en realitat, no es va saber mai si tots els fills que van tenir van ser xiquets o també guanacs. Vosaltres, per si de cas, no en maltracteu mai cap.

EL CAMELL I LA RATA
(Panjab, Índia)

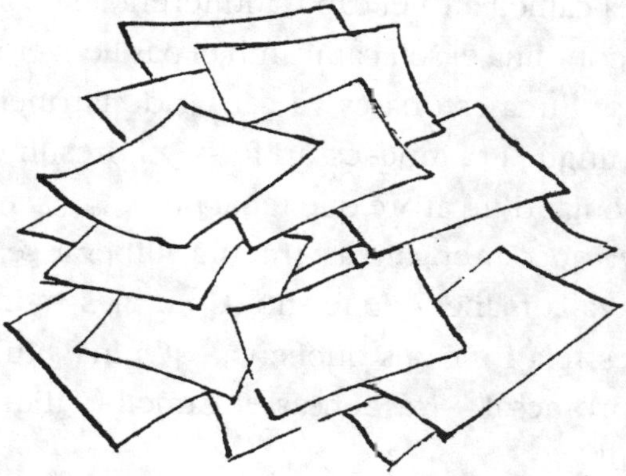

En una selva molt extensa vivien fa anys una rata i un camell que sovint es trobaven cara a cara en els seus passejos, però que no se saludaven mai, ni es deien res. De fet, s'ignoraven mútuament. Tant l'un com l'altra consideraven la pròpia espècie diferent i més distingida.

No obstant això, un dia la rata va fer un esforç d'aproximació, vencent totes les seues reticències, i tractà d'encetar una conversa amb el camell.

—Escolta, respectable mamífer, rei dels deserts i caminant infatigable, ¿per quina raó no hem de ser bons amics? ¡Ens podríem ajudar en cas de necessitat!

—Sí, és possible —va respondre el camell amb un cert orgull—, però tu ets un animal rosegador que destrossa tot el que cau al seu davant i que gaudeix vivint en els caus més infectes. Ho sent, però no em puc fer amic d'un animal així.

El camell alçà el cap i, indiferent a la còlera de la rata, continuà el seu camí amb el pas lleuger i elegant. Al cap d'una estona es va cansar de faronejar: no el veia ningú i era innecessari fer-se el presumit. Va voler menjar d'un arbre que tenia punxes i, sense voler, s'hi va quedar enganxat. Intentà alliberar-se, però no trobava la manera de fer-ho. Com més estirava, més mal es feia i més es queixava. «¡Quina situació més compromesa! —va pensar el camell—. Em sent tan ridícul.»

En això, la rata, que tornava ja del seu passeig, veié el camell atrapat i, amb un somriure irònic, li digué:

—¿Veus?, estimat camell, jo ara et puc ajudar. Abans no volies saber res de mi, però, a pesar d'això, et vull socórrer. Et demostraré així que les rates no som una espècie tan menyspreable. Potser, una vegada t'haja alliberat, podrem ser amics.

—¡Sí, sí! ¡Naturalment! —exclamà el camell que, amb la boca empresonada, no podia fer-se entendre massa bé.

La rata s'enfilà a l'arbre i, rosegant rosegant, trencà la punxa. El camell tornà a ser lliure. Per això, a partir d'aquell moment, els dos animals es van convertir en uns autèntics amics.

Uns mesos més tard, un gran exèrcit avançà per la selva en què vivien el camell i la rata. Els soldats del rei que governava aquell país van veure un camell lliure i el van agafar. De seguida el portaren als corrals del palau del rei. Aquest, en veure'l davant seu, preguntà:

—¿Dis-me, camell, de qui ets?

I el camell contestà sense dubtar:

—Sóc de la rata.

En escoltar aquesta resposta, tots els cortesans i el rei esclafiren a riure.

—¿Com és possible això? —es preguntaven i exclamaven—. ¡Una rata no pot ser mai propietària d'un camell.

El pobre animal, nuat a un pessebre, contemplava impotent com els homes es mofaven d'ell i com, a poc a poc, l'anaven deixant sol en un estable on hi havia altres camells i cavalls. Les llàgrimes li omplien els ulls i, de tant en tant, només la lluna i el record de la llibertat perduda aconseguien alleugerir el seu dolor.

Però més tard, quan ja era hora de sopar, la rata, que havia vist com capturaven el seu amic, arribà, per fi, al palau. Es trobava esgotada de tant de córrer, perquè des d'un primer moment s'havia proposat rescatar el camell. No obstant això, no s'aturà i continuà fins que trobà les cambres reials i la sala-menjador on el rei estava reunit amb els seus cavallers i vassalls. La rata, sense dubtar, es posà al seu davant, damunt mateix de la taula, i, amb respecte, manifestà al monarca:

—¡Oh rei, el camell és meu i els vostres soldats me l'han furtat! Voldria que me'l tornàreu.

El rei i la seua cort, sorpresos, es van mirar els uns als altres, però, finalment, es posaren a riure, i tan fortes eren les riallades que van acabar espantant la rata. Però ella no era covarda i aquella nit va córrer de ratera en ratera per convocar les seues germanes. Es formà, així, un autèntic exèrcit de rosegadors que atacà, sense cap tipus de misericòrdia, les habitacions del palau i les cabanes dels soldats. Al seu pas, tot es convertia en pols: la fusta dels llits i dels mobles, les cortines i els llençols, la tela de les tendes i els vestits. El rei i la seua gent hagueren de fugir de pressa. No havien vist mai una destrossa com aquella i, si es descuidaven, temien ser ells mateixos devorats.

I així va ser com el camell va ser alliberat. Els dos amics no es tornaren a separar i diuen que el rei i els seus homes continuaren corrent espantats durant molt de temps. Allà on es detenien una estona per descansar, sentien de seguida el rosec d'una rata.

¡Això és, almenys, el que em va contar un rodamón que travessava aquelles terres!

¿QUÈ FA DÉU AL CEL?
(Israel)

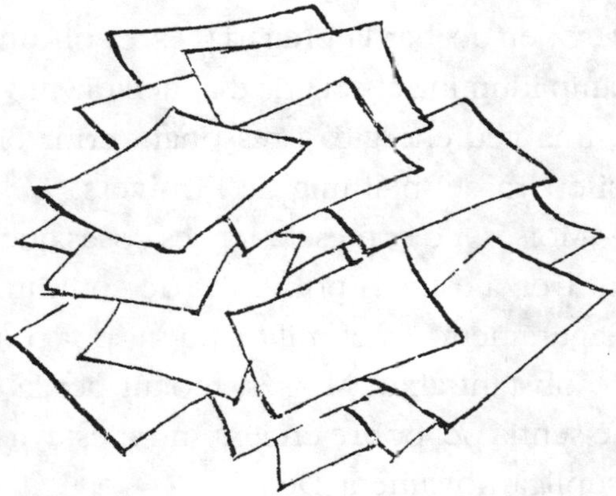

Hi havia una vegada un home molt pobre que s'acostà cap a Moisés, el nostre profeta i mestre, i li va preguntar:

—Estimat Moisés, ¿per quina raó el cel em mortifica i m'obliga a vagar tot el dia? ¿Per què he de demanar la misericòrdia dels altres i, així i tot, encara no aconseguisc prou per a viure i alimentar bé la meua família, quan l'altra gent riu amb alegria i es guanya la vida sense problemes? Et pregue, per favor, que demanes a Déu, en el meu nom, que es digne fer que em guanye la vida com els altres, honestament i amb treball.

Moisés, home just i bondadós, sentí llàstima del pobre i pregà Déu amb aquestes paraules:

—Déu meu, feu que aquest home es puga guanyar

la vida com tots els altres jueus. ¿Per què s'ha de veure condemnat a obtenir el seu pa i el dels seus amb tanta pena?

Però, en acabar la pregària, es va oir un fort tro i un llamp il·luminà el cel gris d'aquell dia nuvolós. De sobte, una veu enèrgica i ressonant cridà el profeta com si eixira del bell mig de l'Univers.

—¡Moisés, no et mescles en les coses que no t'importen! Deixa estar el pobre: ha de continuar vivint així. Segurament, és el millor que li pot passar.

No obstant això, Moisés, mogut per la compassió que sentia pel pobre creient, no n'estava convençut i suplicà novament Déu.

—¡Per l'amor que em teniu, Senyor! Feu el favor d'escoltar la meua pregària i doneu una oportunitat al captaire. Potser així podrà demostrar que és digne de la vostra misericòrdia.

I tant va insistir que, finalment, Déu li va fer cas i, al cap de poc dies, el pobre mendicant es va convertir en un home ric, perquè Déu així ho va voler i va fer que es trobara un tresor.

Moisés es posà content i donà gràcies al Creador per la seua infinita generositat i pel seu gran amor als humans, però el vell vagabund no es mostrà tan agraït i, en lloc de conformar-se amb la seua inesperada sort, encara demanà al nostre venerat profeta i mestre més coses:

—Per favor, Moisés, demana a Déu que em transforme en primer ministre del govern i podré, així, correspondre a la seua gran confiança. Voldria, amb el poder, ser capaç de repartir entre tots la justícia i la solidaritat.

Moisés, des de la seua humana saviesa, condescendí a la nova sol·licitud per considerar-la amb bona intenció i Déu el va escoltar. Per això, al poc de temps, el rei cridà el pobre home que s'havia fet ric inesperadament i el nomenà primer ministre del seu regne. Però, al cap d'un any, l'home que tenia al seu abast gran part de l'administració econòmica del país encara no havia complit moltes de les seues promeses. Tant la injustícia com la pobresa hi continuaven presents. No obstant això, gosà demanar una altra vegada els favors del profeta.

—Escolta, Moisés, ja fa més d'un any que sóc ministre, però no puc fer tot el que voldria. Les meues accions depenen massa sovint de la voluntat d'un altre home. M'agradaria ser coronat rei. Només així aconseguiré portar a cap les meues il·lusions i fer feliç tots els meus súbdits.

El profeta, encara que començava a recelar de les contínues peticions de l'home, acceptà d'implorar Déu amb l'esperança de veure millorar la vida dels habitants del país. D'altra banda, el Totpoderós, que s'estimava tant Moisés, sense fer-se pregar massa aquesta vegada, cridà el rei al seu costat i la gent aclamà el primer ministre com a únic successor del monarca mort.

Però, tot i ser rei, tampoc no va aconseguir viure feliç. L'avorriment el corprenia i els súbdits se l'estimaven cada vegada menys, en no veure les millores en cap lloc i en comprovar que només prosperaven les arques reials.

Per això, al cap de pocs mesos, es va dirigir novament a Moisés per dir-li:

—Escolta, venerat profeta. Has fet per mi coses tan importants que no les oblidaré mai, però ara vinc de nou a tu per demanar-te una sola cosa i espere que me la concediràs: m'agradaria poder veure per mi mateix el que fa Déu al cel. Així podria comprendre millor la seua grandesa, estimar-lo i reconéixer davant seu tot el que ell ha fet per mi. Això és tot el que vull.

Llavors Moisés, que ja no sabia com negar-se, va decidir, una mica enutjat, que aquest seria l'últim desig que pregaria a Déu:

—Ja saps, Senyor, que aquest home no es cansa de demanar i, encara que l'has fet rei, ara vol saber què és el que fa el creador del món al cel...

Un nou tro espantós i ensordidor es va deixar oir per tot l'espai. Les paraules de Moisés es van interrompre i, al ritme d'uns llamps de foc, ressonaren les paraules d'un Déu enfurismat.

—Moisés, per mirament cap a tu he fet que aquest home complira els seus desitjos, però recorda que et vaig dir que no et mesclares en aquests assumptes. Estime el meu poble i faré tot el que siga necessari perquè visca feliç. A cadascú, li donaré el que es mereix, però he volgut que veres, per tu mateix, el que la cobejança de la gent pot fer. Has pecat d'ingenu, Moisés. Espere que aquesta siga l'última vegada que véns en el seu nom. Però, de moment, vés i dis-li que demà de matí podrà veure amb els seus propis ulls el que jo faig al cel cada dia.

Moisés, avergonyit i pensarós, anà a veure el rei i li anuncià que podria veure el que havia demanat. Naturalment, el fals sobirà es va alegrar moltíssim i aquella nit va dormir profundament, com no ho havia fet mai en la vida. No obstant això, al matí següent, en obrir els ulls, es trobà vestit novament amb la roba que duia quan era pobre i dormia sobre terra al racó de la seua miserable cabanya on sempre havia viscut. A l'altre cantó, hi havia la seua dona i els seus fills també.

—¿Què m'ha passat? —començà a cridar—. ¿És un somni? No, no ho és. Ahir jo era rei i dormia amb la meua dona i els meus fills en un palau. ¿Què m'ha passat? ¿Quina mala fortuna m'ha dut ací?

Forassenyat i abatut, l'home se'n va eixir corrent i buscà per carrers i atzucacs, per places i mercats, el seu protector. Quan el trobà, es tirà als seus peus amb llàgrimes als ulls i, entre sanglots, encertà a reclamar:

—Moisés, mestre i profeta nostre, ¿què és el que Déu ha fet amb mi? ¿Potser no va entendre la meua sol·licitud? ¡Fes que em torne a fer rei!

—Impossible —va respondre aleshores Moisés—. Déu no ha fet altra cosa que complir el teu desig. Tu mateix vas demanar veure amb els teus ulls què feia Déu al cel durant tot el dia, i això, precisament, és el que t'ha mostrat. El Totpoderós observa i vigila les seues criatures. Ajuda i eleva al seu reialme aquelles que viuen amb honradesa i estima, però deixa caure en el fons més sinistre i desesperançat aquelles altres criatures que no cerquen més que l'enveja, la maldat o l'ambició personal. ¡Això és el que fa Déu al cel! ¡Alegra la cara! ¡Pocs són els que poden dir que ells ho han vist i sentit en la seua pròpia carn! Jo ja no puc fer-hi res. M'ha prohibit intercedir mai més pel destí de les persones. Déu vol els homes i les dones lliures perquè elegisquen el seu camí.

L'EMIR I ELS MUSSOLS
(Kurdistan)

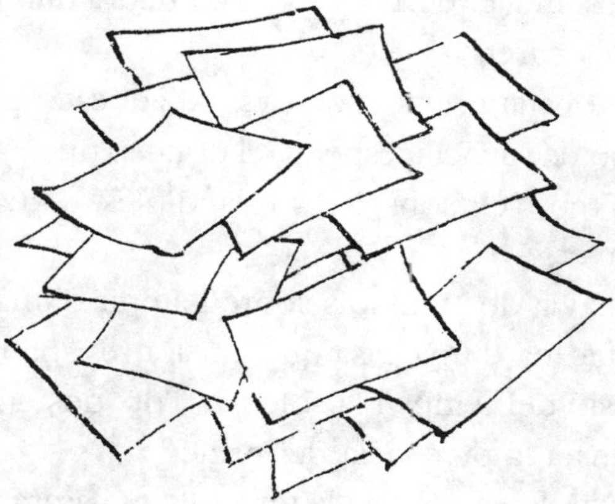

En temps antics hi havia a l'emirat de Batà un príncep malvat i cruel que no tenia cap altra obsessió que fer cada vegada més gran la seua despensa i més nombrós el seu tresor. Però la gent no podia suportar tanta tirania i, a poc a poc, abandonava el país.

La zona d'Urmia, per exemple, que havia sigut un territori fèrtil de productes de tota mena, s'havia convertit en un desert. On abans hi havia felicitat, ara només es veia tristor. Solament els mussols i les rates habitaven entre els murs de les cases abandonades.

Un bon dia, el príncep, que anava de cacera per aquella zona, passà per un poble abandonat. S'havia mig perdut mentre perseguia una llebre i la resta del seu seguici s'havia quedat bastant endarrerida. Per això mateix estirà fort de la brida del seu cavall i aturà el pas de la bèstia. De sobte, regnà un silenci inquietant: res hi ha de més tenebrós que una aldea deserta amb els edificis mig enderrocats i amb l'heura humida devorant les parets.

No obstant això, després d'aquesta primera impressió de silenci inesperat, el príncep tingué la sensació de rebre els sons, a penes audibles, d'una estranya conversa.

Hi havia dos mussols sobre l'ampit d'una finestra a la façana d'una casa que encara resistia bastant bé l'erosió del temps i la soledat. Tots dos enraonaven aliens a la presència del príncep.

—¿Tu deixaries que la teua filla es casara amb el meu fill?

—¡Naturalment! Però, has de saber que reclame un present de boda extraordinari. ¡La meua filla no es pot casar amb qualsevol!

—De la meua banda no hi ha cap problema. ¡Donar-te un present de boda és ben fàcil!

—¿Sí? No n'estigues tan segur. La meua família i jo vivim en una terra molt poblada on a penes hi ha zones on poder fer els nostres nius sense perill. Per això mateix has de saber que al nostre país els presents de boda consistixen a regalar pobles.

—¡Perfecte! —exclamà el mussol que volia casar el seu fill—. Te'n donaré tots els que vulgues. Res m'és tan fàcil.

—¿Insinues, realment —s'estranyà el pare de la núvia—, que els pobles et resulten senzills d'aconseguir?

—Deixa'm dir-te una cosa, amic foraster: no hi ha res de més fàcil que aquest regal de noces que em proposes. Gràcies al detestable príncep que governa el país, ací no hi ha altra cosa que pobles abandonats. Ben prompte serà un monarca sense súbdits i, alesshores, serà conquistat per un altre príncep, rei o governador veí sense que li puga enfrontar cap tipus de resistència. Per això, amic, dis-me quins pobles vols que et pertanguen, i tota la resta són detalls sense importància.

Continuaren encara parlant d'altres coses i sobre els preparatius del casament dels respectius fills, però el príncep, que gràcies a Déu va poder entendre tot el que s'havien dit els mussols, esperonà el cavall i buscà els seus companys de caça.

Diuen que a partir d'aquell dia es va convertir en un emir just i generós. Compartí els seus tresors, i els aliments tornaren a abundar entre els ciutadans d'aquella zona i de tot l'emirat de Batà.

EL CUC DE PLATA
(Mongòlia)

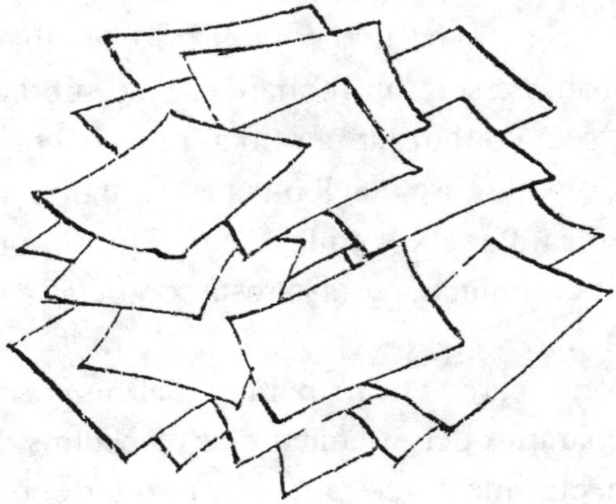

Una vegada, d'això fa ja molt de temps, els nobles d'una ciutat hi van haver de fer canvis en les seues possessions i anomenaren guarda del bosc el senyor Baiard. Aquest era un grandot rude i grosser que no coneixia cap persona que poguera dir-se amiga seua. Ningú no li coneixia cap familiar i, solament, tenia un fill boig que li servia per a mantenir viu el foc de la llar. La seua dona feia temps que s'havia mort.

Des de sempre, Baiard havia hagut de buscar-se la vida per ell mateix i, com que sempre intentava la manera de fer qualsevol negoci i guanyar diners, rebia el malnom de *Cuc de Plata*. Això no obstant, la seua ignorància l'havia condemnat a la pobresa continuada. Només ara, a la vellesa quasi, havia rebut l'ajuda dels nobles, que li havien confiat la responsabilitat d'un lloc de treball i un sou segur.

Cuc de Plata visitava de tant en tant la ciutat per abastir-se de provisions. En una d'aquelles estades, observà que hi havia gent que venia teies per a encendre el foc i va tenir la idea de fer-ne per guanyar diners fàcilment. Per això, quan va arribar a sa casa, agafà una destral, ordenà al seu fill que l'acompanyara i se'n va anar cap a les muntanyes que voltaven la casa del guarda i d'on ell sempre treia la llenya que necessitava.

Amb força i bon ritme, Baiard i el seu fill començaren a tallar branques i troncs d'arbres secs. ¡De segur que eren moltes les teies que se'n podien fer! A poc a poc, es van distanciar l'un de l'altre i, sense adonar-se'n, una clivella profunda els separava. Llavors passà que, amagat en un barranc estret, hi havia un tigre preparat per saltar sobre el pare. Aquest, quan el va veure, va voler posar-se en un lloc segur i saltà sobre una roca en la qual a penes es podia mantenir.

Però el tigre va veure com Cuc de Plata fugia i es posà a ensumar l'aire mentre s'acostava lentament. L'home, tot i ser bastant brusc i corpulent, estava mort de por i a punt de perdre els sentits. Afortunadament, quan ja el tigre era a la vora, cridà amb tota la veu que li quedava.

—¡Auxili! ¡Que em volen menjar!

El fill boig, en sentir els xiscles del seu pare, agafà la destral i pegà uns bots tan extraordinaris que, en un tres i no res, saltà la clivella i arribà on era el seu progenitor, que tenia ja les urpes del tigre al seu damunt.

Però quan el fill anava a descarregar la destral sobre el cos del tigre, Cuc de Plata cridà:

—¡No faces malbé la pell del tigre! ¡Si la venem en el mercat, ens guanyarem uns bons diners!

El pobre fill boig, com que era innocent i feia sempre cas d'allò que li deien, considerà que aquelles paraules eren correctes i se n'anà a buscar una branca d'arbre per a colpejar amb força l'animal i matar-lo d'una bona bastonada. Però, quan es disposava a ferho, son pare cridà novament:

—¡No sigues babau! ¡Has d'agafar el tigre viu! Mort no guanyaríem ni la meitat de diners!

El beneit, curt d'enteniment, jutjà que el seu pare tenia raó i pegà la volta amb la intenció de trobar, entre els seus fardells, un tros de corda amb què lligar el tigre. Però, en tornar, va veure que el cap de Cuc de Plata estava fet a banderes. La seua avarícia havia fet que perdera la vida.

Llavors el tigre agafà també el fill i se l'emportà al cim d'una muntanya. Ningú no tornà a saber mai res de cap dels dos.

L'ORFE I EL PEIX
(Tailàndia)

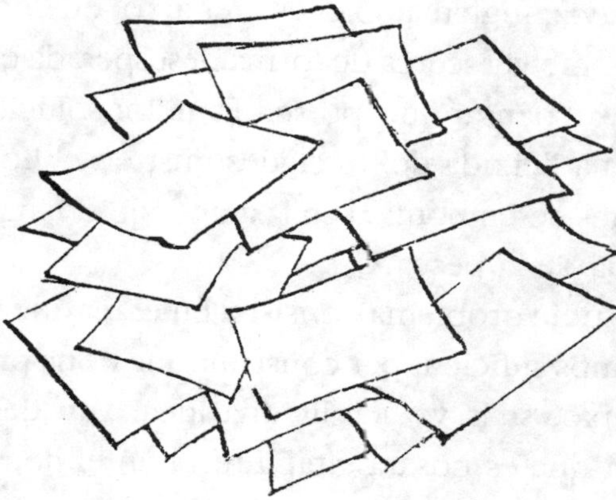

Fa molt de temps vivia a Nakhon Phanom, la ciutat dels boscos, un xiquet que no tenia pare ni mare. Passava els dies amb la seua àvia, que ja era molt velleta i no podia treballar. Com que eren pobres, el xiquet havia d'anar cada dia a pescar i a recollir també les fruites que els altres no volien. Vivien d'això i de la caritat dels veïns.

Un bon dia, quan la temporada de les pluges s'havia acabat i l'aigua dels canals i dels camps s'havia assecat suficientment, els camperols de la zona van eixir, com tots els anys, a les plantacions d'arròs per veure si podien trobar peixos en aquells fangars. El xiquet orfe, tot i que no posseïa cap tros de terra, els acompanyà també amb l'esperança d'obtenir-ne una part.

Estranyament, aquell any no en trobaven cap. A

poc a poc es feia fosc, arribava la nit i la gent es posava nerviosa. Les aigües baixaven, i els peixos, si és que n'hi havia, fugien amb elles. Per això, en lloc de continuar amb la recerca de forma desesperada enmig del fang, van pensar que, potser, la millor solució era una parada a l'eixida de les aigües, just en el lloc per on aquestes desemboquen en la gran séquia, i impedir així l'eixida de la pesca.

L'únic problema consistia en el fet que no hi havia temps suficient per construir una bona presa. Malgrat això, se'ls va acudir una idea: van demanar al xiquet que es posara gitat a terra en el lloc indicat i el van cobrir amb terra. La pobra criatura, com que era molt obedient, va entendre el sentit de la proposta i acceptà el seu destí. D'aquesta manera, amb el seu cos, tapà l'eixida de les aigües.

Els camperols van tirar encara algunes palades de terra fins que el van cobrir totalment a excepció del cap. L'aigua deixà de córrer i, de seguida, com per art de màgia, començaren a aparéixer peixos. Tot el món es posà ràpidament a la faena. La llum de la lluna brillava com una perla i il·luminava la nit mentre es reflectia en els camps fangosos com si d'una pluja d'estels es tractava.

Ara ja no es queixaven. Les cistelles n'estaven plenes. Els agricultors, entre rialles i cants, cobrien les seues necessitats i se'n tornaven cap a casa. Però ningú no es recordava del xiquet i el deixaren sense oferirli ni un sol peix. Fins i tot, ni tan sols el van ajudar a llevar-se la terra de damunt.

Per això, quan per fi s'alliberà de la terra i va veure que l'havien deixat sol, es posà trist. Era tard i la seua iaia l'esperava. En tot el dia no havia menjat res i lamentava, sobretot, tornar a casa amb les mans buides. Però, com més desencoratjat es trobava, veié quasi al seu costat un peixet que encara cuejava enmig d'un bassal. Mentre l'observava va pensar que de bona gana se'l menjaria allí mateix. Però, a pesar d'això, s'acostà i amb rapidesa el pescà amb una sola mà. Tot seguit, se n'anà cap a casa content, almenys, de portar un peix.

Però, quan hi arribà, va observar el peix a la llum d'un cresol i li va fer llàstima de veure'l tan petit. De manera que decidí alimentar-lo fins que es fera més gran. La iaia no s'hi va oposar. S'estimava molt el seu nét i, simplement, li ordenà que es menjara l'arròs.

El xiquet, abans de sopar, agafà el peix i el posà en una closca de coco plena d'aigua. Des d'aleshores, cada nit portava alguna cosa de menjar al seu únic amic. Les hores més agradables de cada dia les passava el xiquet quan jugava amb el peixet i li contava històries de mariners i de camperols.

A poc a poc, el peix s'anà fent gros i gran. La closca de coco que servia d'improvisada peixera es quedà massa xicoteta i el xiquet va haver de buscar un tonell. Però, tot i això, continuà creixent i cada vegada podia moure's menys en aquell recinte. Llavors, el xiquet, que s'estimava molt el seu amic, no tingué més remei que llançar l'enorme peix al riu Kong, tot i que, a partir d'aquell instant, anà cada dia al riu mare de totes les sèquies i canals per visitar el seu millor amic.

També el peix s'estimava molt el xiquet i un dia li va dir:

—Escolta, sé que ets orfe i que, a més a més, passeu necessitats. Per això mateix, supose que t'agradaria tenir or i plata per a no ser tan pobre i viure en una casa còmoda i elegant.

—¡Naturalment! —va exclamar el xiquet amb una espurna d'il·lusió en els ulls.

—¡D'acord! Si és així, et portaré al país dels tresors —contestà el peix—, però m'has de prometre que no faràs cap soroll, que no obriràs per a res la boca i que no tindràs por de res. Pensa que si fas qualsevol d'aquestes coses, posaràs en perill la teua vida.

A pesar de les amonestacions, el xiquet es mostrà disposat a fer tot el que li demanava el peix i, per això, li pujà al llom i, nadant nadant, el peix se l'emportà riu avall. De sobte, tot i que encara era migdia, el sol fosquejà i es formà una tempesta que portava uns núvols molt negres i amenaçadors. En un instant, va començar a ploure a bots i barrals. L'aire esdevingué fred i el xiquet començà a tremolar, però no gosà obrir els llavis ni va dir res i es va amagar la por tant com va poder.

Llavors el peix s'introduí en una cova i allà dins, en el fons, va veure el xiquet tota mena de joies, or i plata. Va baixar del llom del seu amic i trià tot el que va voler. Quan ja havia acabat, el peix retornà el xiquet a la seua casa i aquest vengué algunes de les joies que havia agafat, i, amb la seua iaia, se'n va anar a viure en un habitatge bastant més confortable i adequat que el que tenien.

Però, aleshores, succeí que un altre xiquet fanfarró i espavilat, que el coneixia, envejós de veure com aquest s'havia fet ric, li preguntà com havia aconseguit tots aquells tresors. El xiquet, com que era innocent i bondadós, no tingué inconvenient a dir-li-ho.

—Si és així —demanà finalment l'interessat—, jo també vull fer-me ric. Porta'm on viu el peix.

L'orfe no sabia negar-se mai i va satisfer la petició del maliciós i intencionat xicot. Demanà al seu amic el peix que oferira al seu company un poc del tresor que s'amagava en la cova. El peix acceptà per compromís i estima envers el seu amic, però no per això deixava d'estar una mica recelós i contrariat pel nou visitant. Així i tot, el peix advertí l'amic dels perills de l'aventura, encara que el company del xiquet es mostrà, en tot moment, segur de complir els requisits proposats.

Llavors el peix va agafar el xicot i se l'emportà sobre el llom de la mateixa manera que ho havia fet amb l'altre. El camí era llarg i durant el trajecte començà a ploure. De sobte, es desencadenà una forta tempesta amb trons ensordidors i llamps que enlluernaven. Feia un fred polar i, a pesar de la seua corpulència, el jove tremolava i el seu aspecte arrogant i valorós es desfeia com gel al forn. De tanta por com sentia, no ho pogué resistir i va fer un crit d'espant.

—¡Vull tornar-me'n a casa!

Però el peix no podia tornar i continuà nadant més de pressa encara. El xicot, per contra, no podia aguantar-ho més i començà a insultar el peix amb paraules grolleres i forassenyades. De manera que, finalment, cansat de tanta impertinència, tirà el genet a l'aigua i s'enfonsà aigües avall. Afortunadament, el xicot es pogué salvar i no tornà a ser mai tan fatxenda.

Des d'aleshores, en el Kong, la mare aigua és un fort corrent i encara ningú no ha tornat a veure la cova del tresor.

EL GALL POBRE I EL GALL RIC
(Micronèsia)

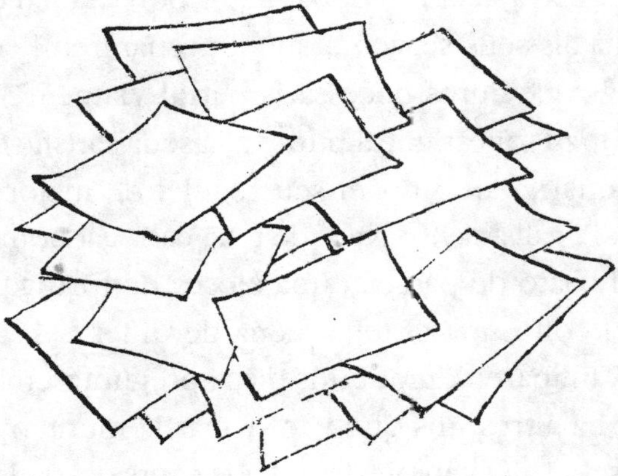

En les proximitats de Goikul hi ha la muntanya anomenada Rois ra Besek, sobre la qual, ja fa temps, vivia un gall que era extremament pobre.

Un bon dia, aquest gall en va escoltar un altre que cantava des de lluny i li contestà amb totes les seues forces. L'altre gall era ric. Tenia un cap d'humà i ostentava la facultat de covar diners.

El gall ric vivia a la muntanya encantada de Ngeraod, que era a uns quants quilòmetres de Goikul, i, gràcies al seu poder, el gall havia convertit la seua morada en una autèntica meravella d'ornaments i joies. No hi havia al món cap altra muntanya més rica.

Llavors succeí que al gall de Ngeraod no li agradà gens ni miqueta que un altre gall responguera als seus cants. S'enfadà moltíssim i, orgullós i pedant com era, es proposà buscar i trobar l'atrevit causant d'aquells cantussols que inquietaven i distreien els seus cants. Estava decidit a donar-li una bona lliçó. Per això, ordenà als seus servents que li prepararen l'equipatge i els queviures necessaris per al viatge.

Quan tot estigué a punt i a la seua satisfacció exigent, marxà amb tot el seu seguici de majordoms i criats. El gall anava davant de tots, carregat només amb el seu bastó de passeig, una closca de tortuga penjada del coll i una cistella plena de diners.

Caminaren durant uns dies i preguntaren bastant a uns i a altres fins que van trobar la muntanya Rois ra Besek, i allà van oir de nou els cants del gall pobre.

—¿Per què cantes d'aquesta manera? ¿Que em vols fer enfadar? —preguntà de seguida el gall ric en veure el pobre.

—¡Oh, no! ¡En absolut! —contestà el gall pobre—. Només pretenia correspondre al teu cant i fer-te veure que també es pot cantar per a denunciar les misèries i les tristeses. Jo sóc un gall molt pobre. Observa-ho per tu mateix: a la muntanya no creix res i jo he de passar penes i viure sempre mort de gana.

Quan va sentir aquestes paraules sinceres, el gall ric va oblidar els seus mals i acceptà de bona gana l'amistat de l'altre gall. Li regalà tots els diners que duia i el convidà a compartir el bon menjar que els servents havien preparat.

Després, el gall ric se'n tornà cap a Ngeraod, però es van continuar veient sovint, com uns bons amics, per contar-se tant les alegries com les penes.

Ara, això sí: cantaven a duo tots els matins des de les seues muntanyes respectives i els habitants de les illes els escoltaven puntuals com un rellotge despertador.

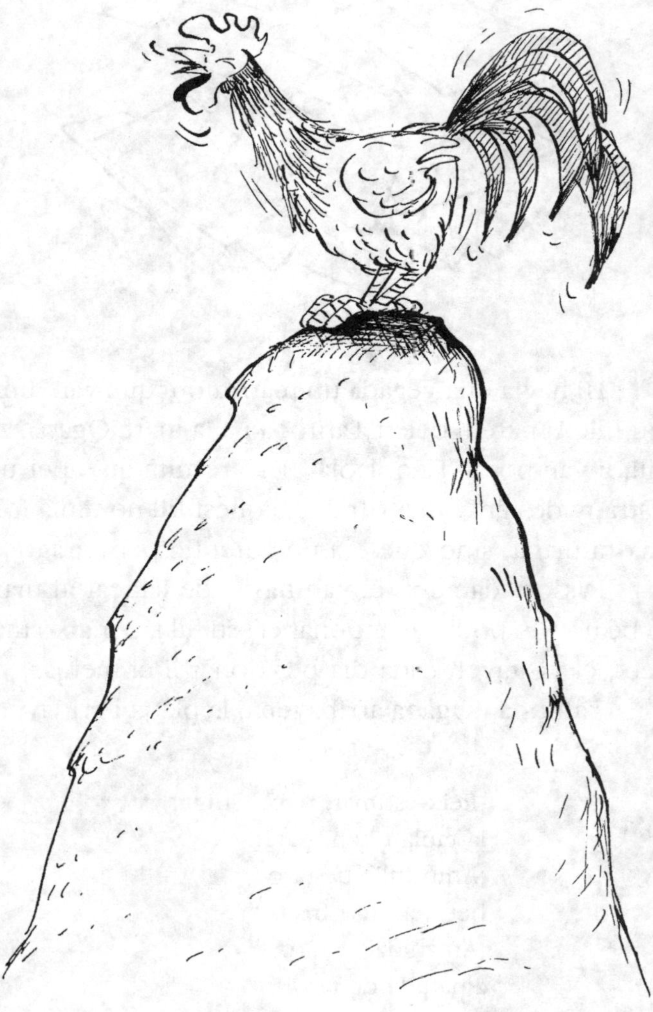

EL PEIX DRAGÓ
(Polinèsia)

Hi havia una vegada un matrimoni que van tenir un fill. Al pare li deien Tafitooa i a la mare Ogaoa. Al fill, li van posar Taloolaola. Però resultà que, per un estrany designi indesxifrable, aquest fill no tenia forma humana, sinó que era un autèntic peix dragó.

Dissortadament, el van haver de llançar al mar, si bé no van poder abandonar el seu fill i, per això mateix, el visitaven cada dia per donar-li el menjar.

Tafitooa i Ogaoa arribaven a la platja i cridaven:

¡Peix estimat, peix estimat,
la taula t'hem parat!
¡Amb fulla de taro
ben tendra i fresca!
¡Amanida de taro,
amanida de taro!

¡Amb llesques de coco
i llet ben fresca,
la taula t'hem parat!

Aleshores, apareixia el peix Taloolaola i menjava i bevia.

Però un home dolent i sense escrúpols, que vivia a prop de la platja, escoltà un dia la conversa dels pares del peixet. No tenia nas, però tenia molt bona oïda. Per això, va voler agafar aquell peix tan especial i, quan se'n va tornar Tafitooa cap a casa, aquest home, anomenat per tots Sense-nas, s'acostà a la platja i cridà:

¡Peix estimat, peix estimat,
la taula t'hem parat!
¡Amb fulla de taro
ben tendra i fresca!
¡Amanida de taro,
amanida de taro!
¡Amb llesques de coco
i llet ben fresca,
la taula t'hem parat!

De seguida el peix va eixir, tot i que acabava de submergir-se. Evidentment, no tingué temps de descobrir l'engany. Sense-nas el va agafar i l'ofegà. En arribar a casa, el malvat posà al foc el peixet, el fregí i se'l menjà.

Al cap d'una llarga estona, just a l'hora del sopar, Tafitooa tornà i, a la vora de les ones, cridà novament:

¡Peix estimat, peix estimat,
la taula t'hem parat!
¡Amb fulla de taro
ben tendra i fresca!
¡Amanida de taro,
amanida de taro!
¡Amb llesques de coco
i llet ben fresca,
la taula t'hem parat!

Però, aquesta vegada, el fill no va aparéixer. Tafitooa avisà la seua dona Ogaoa i tots dos començaren a fer sonar la caragola de Tritó:

—¡Puuuuuu...!

—¿Què passa? —comentà tota la gent en escoltar aquella crida.

—Busquem el nostre fill Taloolaola, el peix —respongueren Tafitooa i Ogaoa—. Volem saber si encara viu o és que algú l'ha agafat i se l'ha menjat.

Llavors, alguns dels presents contestaren:

—Nosaltres no ho sabem, però per allà passa Sense-nas, que viu a prop de la platja i porta un sac a l'esquena. ¡Ell, potser, sàpia alguna cosa!

—¡Puuuuuu...! —tornaren a bufar els pares del pobre peix dragó.

—¿Per què feu sonar la caragola? —preguntà des de lluny Sense-nas, fent veure que no sabia res.

—Perquè busquem el nostre fill. ¿Tu no en sabràs res?

—¡No! —exclamà sec i neguitós alhora.

No obstant això, Tafitooa i Ogaoga el van seguir d'amagat. Aleshores, quan Sense-nas va llançar el poal de les escombraries, veren les espines del peix dragó. Tant l'un com l'altre endevinaren de seguida la tràgica fi del seu fill. Per això, Tafitooa no ho pogué resistir i d'un mos es va engolir Sense-nas.

Si vols, t'ho creus, i, si no, no t'ho cregues.
I conte contat, conte acabat.

ÍNDEX

10 anys
de llibres amb
Bromera